신정명 수필집

거두기 그리고 나누기

거두기 그리고 나누기

신정명 수필집

1판 1쇄 인쇄/ 2015년 3월 26일
1판 1쇄 발행/ 2015년 3월 30일

지은이 / 신 정 명
펴낸이 / 우 희 정
펴낸곳 / 도서출판 소소리

등록 / 제300-2007-21호
주소 110-521 서울 종로구 혜화로35길, 302-1호
(명륜동, 경주이씨중앙회빌딩)
전화 / 765-5663, 010-4265-5663
e-mail: sosori39@hanmail.net
www.sosori.net

값 10,000 원

*잘못된 책은 바꿔드립니다.

ISBN 978-89-97294-91-6 03810

거두기 그리고 나누기

신정명 수필집

책을 내면서

그동안 모은 글을 엮어봅니다.

부끄럽습니다.

모든 것은 지나갑니다.

기쁨도 슬픔도 지나갑니다.

지켜주신 하나님께 감사드립니다.

지도해주신 오창익 교수님께 감사드리며

함께한 문우들께도 감사드립니다.

가족들에게도 고마움을 전합니다.

2015년 3월

저자 신정명

▷ 차 례

1. 봄바람 불어 잇고

2. 듣고 싶은 목소리

3. 그 여름밤에

4. 진달래는 피는데

1.

봄바람 불어 있고

가계부

추석을 앞두고 지난해 가계부를 들추어본다. 올해는 무엇을 준비해야 될지 미리 적어보기 위해서이다. 명절이나 부모님 생신 때에는 지난해 기록을 보며 보충하거나 감하면 시장보기가 쉬워진다. 계절 나물을 하러갈 때에도 언제쯤 가야 되는지 참고한다.

나는 자랄 때 어머니께서 두레상에 성냥개비로 소득과 품삯을 계산하시는 것을 보았다. 어머니는 학교 교육은 받지 않았지만 우리들이 외는 구구법과 한글 받침도 물어가며 장부 정리를 하셨다.

나는 결혼 후 수입과 지출을 노트에 적기만 하였다. 1966년 노트에는 연탄 10장 120원, 아들이발 20원, 여원 150원, 방세 800원 등이 적혀있다. 연탄은 하루에 한 장 쓰면서 밤에는 양은솥에 물을 올려놓아 더운물도 쓰고 밥도 짓고 빨래도 삶았다. 내가 가계부를 쓴 것은 방송으로 여성회관에서 가계부를 나누어준다는 소리를 듣고서 1976년부터다.

첫 장에는 '귀중한 곡식 떡으로 낭비 말자'라는 말이 적혀있다. 지금은 쌀 소비를 위하여 떡, 과자, 국수 등을 권장하고 있다. 메모난에는 명언과 생활의 지혜도 있고, 80년도부터는 요리법도 적혀 있었다. 표지 그림으로는 주택 은행에서 나온 '금수 봉황문 흉배(비단에 수놓은 것으로 관복의 앞과 뒤에다는 것)', 저축 추진 중앙위원회에서 만든 신사임당의 초충도, 90년에는 경제 개발원에서 나온 붉은 철쭉이 가득한 표지도 있다.

줄이고 아껴 쓰며 살게 한 가계부 덕분에 1976년 주택은행에서 적금대출 50만원 받고, 대지 82평에 목조 건물을 200만원에 샀다.

정원에는 넝쿨 장미도 심고 석류나무, 목련, 라일락 등을 심었다. 봄이면 창가에 목련과 라일락이 피고 가을이면 잘 묻어두었던 석류가 보석 같은 열매를 터뜨린다.

그런데 겨울이면 목조 집은 춥고 눈 치우기와 상하수도 관리하기가 힘들어 10년을 살고 이사하였다. 나중에 석류나무를 못 잊어 인사동에서 석류그림을 사다 걸었다.

고마운 가계부를 살찌우기 위하여 나는 시장에서 일감을 가져다 바느질도 하고, 남편은 집수리도 잘 해주었고 아이들은 만들어준 교복도 잘 입고 다녔다. 딸아이는 방학 때 친구에게 전화 많이 걸었다며 용돈에서 전화비도 내놓고, 아들은 도서관에서 일하며 용돈에 보태 쓰기도 하였다. 월세 방에서 시작하여, 6남매의 장남 노릇을 할 수 있었던 것은 가계부의 덕이었다.

가계부를 생각하면 조금 덜 사게 되고 충동구매를 하지 않는다. 다른 사람과 언성을 높이고 싶을 때에도 가계부에 마음을 적는다. 가계부에는 부모님 병환에 뒤척이던 고뇌도 있고, 시동생들 결혼시키던 일, 우리 아이들 성장과정 등 이웃집 일까지 기록되어 있다.

시아버님은 79세에 병환이 나셨다. 수술하면 2년은 더 사실 것이라고 하여 수술하였다. 수술이 잘되어 7년을 연장할 수 있었다. 모실 곳이 없어 고심하였는데 남편 퇴직 후, 사계절 어느 때나 갈 수 있는 도로에서 가까운 곳에 잘 모실 수 있었다. 이 또한 가계부의 덕이다.

구약에 아하수에로 왕이 잠이 오지 않아 궁중 일기를 보았듯이 나도 가끔 가계부를 꺼내보며 고마웠던 분들께 감사한다. 가계부는 나에게 의논의 대상이고, 어려움도 이야기할 수 있는 좋은 친구이다.

경춘선

토요일이면 동아일보 문화센터 수필반에 나가기 위하여 9시에 집을 나선다. 주말이면 학생들 때문에 예매하여 평소에 읽지 못했던 책도 볼 수 있다. 남춘천역에서 출발하여 성북역에서 내려 6호선으로 갈아타고 광흥창역에서 내린다.

봄이면 목련, 진달래, 산벚꽃 등이 차창으로 스쳐 가는 모습과 계절 따라 변하는 자연의 풍경에 매료된다. 이른 봄 하우스에서 파랗게 자라는 채소며, 비탈진 곳에서도 잘 자라주는 호박, 지금은 잘 심지 않는 피마자도 보게 된다. 여름이면 무더위 속에서 시원하게 수상 스키를 타는 모습은 앉아서도 시원함을 느낀다. 가을에는 고개 숙인 벼이삭을 보고 겸손을 배운다. 겨울 눈 온 다음날 기차를 타면 사철나무와 소나무 가지에 눈 쌓인 모습이 장관이다. 저녁에 올 때에는 산 위로 떠오르는 달구경을 하며 어린 시절로 돌아가기도 한다.

유년 시절 정월 대보름이면 깡통에 불을 담아 끈을 매어 빙빙 돌리며 불꽃놀이 하던 동네 아이들과 왕대나무를 베어다 머리카락을 놓고 귀신 태운다고 불을 놓으면 대나무 마디가 펑펑 소리 내며 타오르던 모습도 떠오른다.

역마다 개성 있게 꾸민 모습도 본다. 목화를 심어놓은 역, 퇴계원역에는 정성들여 가꾸어 진열한 실 국화, 때로는 토끼가 드나드는 역도 있다. 타조와 사슴이 노는 들판을 지나기도 한다.

한 번은 옆자리에 악기 같은 것을 안고 가는 아가씨와 동행했다. 음악을 하느냐고 하였더니 아니라고 한다. 안고 가는 것이 무엇이냐고 물었더니 인형이란다. 좀 보여 달라고 했다. 아가씨가 지퍼를 열고 보여 주는데 군복을 입은 큰 인형이었다. 이것을 가지고 다니는 줄 집에서 아느냐고 하였더니 몰래 가지고 나왔단다. 아마도 이 아가씨는 군인과 연애를 하는 것 같았다. 나는 결혼하여 아기를 안고 다니면 인형보다 더 예쁘다고 권하였다. 어느 날은 고운 아주머니를 만났다. 연세는 여든이 넘으셨는데 먼저 다니시던 교회 꽃꽂이 봉사를 다녀오신다고 하였다. 나이가 들어도 할 수 있는 일을 찾아 한다는 것이 좋아 보였다.

남춘천역에서 한 정거장가면 김유정역이다. 자랑스런 선생님을 기리기 위해 신남역을 바꾸어 부르게 되었다 한다.

저녁에 8시경 돌아오면 농사일로 힘든 남편에게 미안하기도 하다. 아직도 수필 한 편 제대로 못쓰니 몇 년은 더 공부할 생각이다.

'늙어도 결실하며 진액이 풍족하고 빛이 청청하여'란 성경 말씀(시편 92장:14절)에 힘을 내어본다.

지금은 복선 공사가 한창이다. 기차가 교차하게 되면 기다렸다 떠난다. 승객이 많을 때에는 늦을 때도 있다. 복선 공사가 끝나면 빨라서 좋은 점도 있겠지만, 볼거리 많은 지금의 무궁화호가 그리워질 것이다.

내일은 토요일이다. 선배님들 만나는 기쁨과 인형을 안고 가는 아가씨 같은 좋은 짝을 만나 즐거운 여행이 되기를 기도 한다.

사철에 봄바람 불어 잇고

5월 24일 엘리시안 강촌 리조트 야외식장에서 결혼식이 있다. 교회에서 11시 30분에 버스가 출발한다고 하여 집을 나섰다. 버스는 강촌 다리를 건너 다리 아래 강변도로를 따라갔다. 도로 옆에는 찔레꽃이 무더기로 피어있고 메꽃도 보였다. 찔레 순을 따먹던 옛날 생각이 났다.

오늘 신랑은 원로목사님 손자이기에 원로장로님들께서 많이 오셨다. 목사님 심방 오실 때 가정의 어려움을 말씀 드리면 심방 후 그 문제가 해결되었다. 목사님께서는 신앙인은 상대방이 칼을 들고 덤벼도 솜으로 싸서 막을 수 있어야 한다고 말씀하셨다. 원로목사님은 아버지 같은 분이셨다. 신랑 부모님은 성가대 봉사를 하여 모든 교우들을 즐겁게 한다.

날씨가 뜨거워서 식장 옆 가장자리에 양산을 쓰고 앉았다. 테이블에는 과자와 음료가 준비되어 있다. 예식은 순조롭게 진행되고, 주례인 신부님 말씀과 예물교환, 친구들 축가가 있은 후, 신랑이 신부에게 바치는 색소폰 연주가 있었다. 신랑 신부가 양가 부모님께 인사드리면 부모님들은 신랑 신부를 안아 주었다. 퇴장 때에는 모두가 박수치며 풍선을 날렸다. 신랑 신부는 부부교사라고 한다.

나는 마음으로 559장 찬송을 부른다.

사철에 봄바람 불어 잇고 하나님 아버지 모셨으니
믿음의 반석도 든든하다 우리 집 즐거운 동산이라
고마워라 임마누엘 예수만 섬기는 우리 집
고마워라 임마누엘 복되고 즐거운 하루하루
어버이 우리를 고이시고 동기들 사랑에 뭉쳐있고
기쁨과 설움도 같이하니 한 간의 초가도 천국이라
……
아침과 저녁에 수고하여 다 같이 일하는 온 식구가
한상에 둘러서 먹고 마셔 여기가 우리의 낙원이라
……

누구네 결혼식이 있는 날이면 이사 가서 오랫동안 못 만나던 분들도 만나게 되어 서로 반가워한다. 모두가 새 가정이 잘살기를 바라며 함께 기뻐한다.

원로목사님은 요양병원에 계신다. 건강하셔서 교회에서 뵙기를 소망해 본다. 가정마다 따스한 봄바람을 기원한다. 사철에 봄바람 불어 잇기를 기원한다.

가을 냉이

추수가 끝나면 날씨 좋은 날을 택하여 냉이를 캐러간다. 오늘은 주일 오후이기도 하고 날씨가 맑고 바람이 없어 따뜻하다. 소 기르는 집에서는 타지에 나가있던 자녀들이 돌아와 볏짚 걷느라 분주하다. 시골집에서 걸어서 20분이면 수랏터 강가로 갈 수 있다.

냉이를 캐러 가려면 개울을 건너야 하는데 보 막아 놓은 데를 조심스레 건너뛴다. 갈대가 우거진 개울가에 봄이면 버들강아지도 피어나고, 여름철에는 조용하여 피서객들이 텐트를 치고 즐기기도 한다.

어릴 적에는 봄이면 동네 언니들을 따라 나물하러 다녔다. 꽃다지, 조밥나물, 냉이, 달래를 캐면 더 좋았다. 달래는 고추장에 넣어두면 도시락 반찬으로 제격이다. 논에 가면 뿌리가 길게 뻗은 논냉이를 캔다. 논냉이는 삶아서 고추장으로 무치면 달큰하고 좋았다. 어머니께서는 나물을 해오면 씻어서 다듬으며 추운데 애썼다며 조그만 것도 버리지 않았다. 가을이면 콩가루를 준비하여 초롱에 담아두고, 시래기 국이나 냉이 국을 끓일 때 버무리면 구수했다.

지난해 많이 캐던 밭에는 보리를 심어 캘 수 없다. 경사진 둑에 파랗게 돋아난 쑥과 냉이가 있다. 이곳은 모래밭이어서 냉이 뿌리가 깊게 뻗을 수 있다. 실한 것은 한 뼘이나 된다. 비가 많이 왔던 탓인지 더 연하고 향기도 좋았다. 파밭에는 냉이가 많은데 혹시 파를 캔다고 오해받을까 싶어 캐지 않았다.

내가 가을에 냉이를 캐러 가는 것은 가을에 돌아가신 친정어머니 생각 때문이기도 하다. 1960년 마당에는 볏가리가 높이 쌓여 있고 장마로 마당에 고인 물 위에 물방울이 둥둥 떠내려갔다. 오랫동안 병석에 지내시던 어머니는 타작을 해야 죽을 수 있다며 비 그치기를 고대하셨다. 비가 그치고 일꾼을 못 구하여 교회 청년부에서 봉사 활동으로 타작해 주었다. 어머니께선 임신 중인 작은언니에게는 알리지 말라시며, 다른 형제들만 오라고 하셨다. 형제들이 모인 밤 조용히 가셨다. 그때에는 장례가 보통 5일, 7일장이었다. 끼니마다 큰 무쇠솥에 밥을 짓고 친정 과수원에 사시는 분이 무 한 짐씩 뽑아오면 채김치로 하루씩 치렀다. 나중에 들은 이야기로는 작은형부가 문병 왔을 때, 어머니께서는 작은언니가 몸이 약하다며 요 밑에서 돈을 꺼내 주셨는데, 그 돈이 집을 살 때 큰 도움이 되었다고 하였다.

냉이를 캐며 지나온 일들이 스쳐간다. 무더운 여름 마지막 논매기가 끝나고 저녁 식사 후, 아버지는 일꾼들과 술동이를 가운데 두고 소리하고 꽹과리 치며 마당을 둥글게 돌았다. 아버지께선 양산도를 불렀는데 평소에 한 번도 못 듣던 터라 모두가 놀랐다. 이웃들도 모여 손뼉을 치며 즐거워하였다.

파랗게 싹이 난 보리밭을 보며 예전에 논보리를 심었을 때 제때 수확하지 못하면 보리가 쏟아지기 때문에 일꾼을 못 구해 애쓰시던 부모님 생각이 난다. 지금은 모내기를 하여도, 타작을 하여도 기계로 하게 되니 많은 음식을 준비하지 않아도 된다.

가을 냉이는 봄 냉이와 달리 새로운 맛을 느낄 수 있다. 덤으로 주어지는 축복이기 때문이다. 봄 한 철 신선한 맛으로 우리네 식탁을 풍성케 해주고도 또 가을에 까지 찾아왔으니 고맙고도 고마운 덤이 아닌가. 정년퇴직 후 의미롭게 살아가는 제2의 인생들을 보는 듯 흐뭇하다.

한 소쿠리 넘게 캐온 냉이를 맑은 물에 씻는다. 잎도 연하지만 단맛이 잔뜩 든 뿌리도 길다. 원컨대 나도 그 긴 뿌리를 키워낸 부드러운 흙이고 싶다. 아니 그 흙을 담은 밭이고 싶다.

오늘 저녁에는 잘 익은 된장을 엷게 풀어 가을 냉이국을 끓여야겠다.

축산 경진대회에서

10월 17일 춘천역 앞에는 시 군에서 뽑혀온 황소, 암소, 경산(經産) 우, 미경산 우와 송아지들이 총 54두 모였다.

축하무대에서는 창도 부르고 풍물놀이 공연도 하였다. 입상한 소와 축산상품은 종류별로 시상하였다. 먼 곳에서 왔다가 입상하지 못하면 서운할 것 같다.

나는 예전 우리 집에서 기르던 뿔이 동그랗게 이마 쪽으로 나있는 소가 있는지 찾아보았다. 그러나 대개 옆으로 나있었다. 잘생긴 황소는 등 길이도 길고 힘이 세어보였다. 송아지들은 몸매를 자랑하였다. 소 앞에는 물통과 사료통이 있는데 울고 나대는 송아지 앞에는 물이 없었다. 물이 없다고 했더니 주인은 송아지가 엎어 버렸다고 했다. 환경이 맞지 않아서인 것 같다.

소는 일 년에 한 번씩 새끼를 낳아주고, 농사일도 다해냈다. 몇 년 기르다 기운이 쇠하면 팔고 젊은 소를 다시 사서 농사일을 하였다. 소가 팔려갈 때면 어머니는 소목을 쓰다듬으며 눈물 흘렸다. 이제 나도 나이 들어 어머니가 소를 팔 때 서운해 하셨던 기분을 이해하게 되었다.

사람들이 많이 모인 곳에 가보았더니 물푸레나무로 코뚜레 만들기 체험을 하는 곳이었다. 유치원생들은 우유 시식코너에서 우유도 마시고, 우유로 아이스크림 만들기, 밀납초 만들기 체험 등을 하였다. 소달구지 체험, 계란 꾸러미 체험도 있었다. 짚으로 만든 계란 꾸러미를 보며, 시아버님이 예전에 교통이 불편한 시골에서 겨울이면 얼음 위로 강을 건너 계란을 내다 파시던 생각이 났다.

축산에 필요한 사료, 기계, 대형 선풍기도 있었다. 시, 군마다 개발한 축산 제품을 선보였다. 한자리에서 여러 가지 제품을 고를 수 있어 좋았다. 20kg 사료 오래들기에서 아줌마의 힘도 보였다.

예전에는 소가 큰 재산이었다. 아버님은 사립대등록금을 큰 소 한 마리씩 팔아서대셨다. 송아지를 젖 떼어 남 주면 그 집에서 송아지 낳아서 갖고 어미 소를 돌려주었다. 오늘은 옛날을 기억해 보는 좋은 하루였다. 다음 이런 행사를 구경할 수 있기를 기대해본다.

거두기 그리고 나누기

1. 일일초

바람이 불 때마다 꽃잎이 흔들리며 피어난다. 겨울에도 양지바른 베란다에선 계속 피어난다.

남춘천역 화단에는 일일초, 목화, 글라디올러스 등 여러 가지 꽃이 있다. 일일초는 씨받기가 어려워 역무원에게 물었더니 꽃줄기를 자세히 살펴보라고 한다. 자세히 보니 줄기 밑잎과 잎 사이에서 활 모양의 씨주머니가 달리고 씨앗은 봉선화씨보다도 작았다.

일일초의 키는 30~70㎝ 정도이고 흰색에서 적색에 이르기까지 13종이나 된다고 하며 달여 마시면 백혈병에도 효능이 있다고 한다.

여러 해 전 일이다. 우리 화분에 심었던 꽃씨가 떨어져 싹이 많이 났기에 꽃모종을 여러 집에 나누어 심었다. 자주 가는 기사식당, 슈퍼, 기름 짜러 다니는 기름집 등, 내가 잘 가는 집마다 드렸더니 정성 다해 가꾸어 지나는 사람에게 기쁨을 주었다.

3년 뒤 기사식당 아주머니는 겨울에 화초가 얼어 죽었다며 걱정하였다. 나는 화분을 건드리지 말라고 부탁했다. 그해 봄 예상한 대로 화분 가득 싹이 돋았다. 나는 바늘 같은 화초 모종을 모종삽으로 떠왔는데 30포기 정도 되었다. 한 포기씩 일회용 분에 심어 미장원, 약국, 슈퍼 그리고 시골집에도 가져갔다.

기름집에서는 화분 가득 꽃이 피어 지나는 사람들이 탐내어 밤이면 가게 안에 둔다고 했다. 그 화분에서 지난해 가을에는 꽃씨가 주렁주렁 많이 달렸다. 기름집 아주머니가 혼자 보기 아깝다면서 올봄에 모종을 여러 집에 나누어 주는 것을 보고 흐뭇했다.

겨울이 되면 화초가 얼까 봐 염려되어 일기 예보를 잘 듣는다. 영하 10도가 넘으면 비닐과 보자기로 가려준다. 잘 가려준 때문인지 일일초는 계속 피어난다.

작은 것이라도 여러 사람이 보고 행복해 하면 나누는 기쁨도 커진다. 일일초의 씨앗들이 번져나듯 이웃들의 작은 행복이 퍼져 나가기를 기대해본다.

2. 꽈리

길 가에 코스모스가 가을바람에 흔들리고 들깨 꽃엔 벌들이 모여 든다. 비가 많이 내리지 않아서 과일은 단맛이 더하다.

김장밭의 열무를 솎아내고 남은 열무에 북을 준다. 풀숲에서 붉게 익은 꽈리를 본다. 이 꽈리는 홍천에 사는 지인이 넉넉히 나누어준 것이다. 올해는 잘 가꾸지 못했는데 빨갛게 익어서 고맙기만 하다.

꽈리는 다년초로 40~90㎝ 자라며 꽃은 6~7월에 피고 식물 전체를 말린 것을 산장이라고 하는데, 한방에서는 이뇨제, 해열제로 쓰고 상처 났을 때 통째로 다져 환부에 바르기도 한다.

예전에는 꽈리를 살살 주물러 말랑하게 되면 속을 꺼내고 입으로 불었다. 속을 파내는 동안 초초하게 기다리다 불면 꽈

르륵 소리 나는 것이 재미있었다. 놀이기구가 변변치 못하던 시절에는 유일한 놀잇감이었다.

주황색과 연두색이 조화롭게 잘 익었다. 버스 올 시간이 되어 꽈리를 베어놓고 그냥 두고 왔는데 남편은 잎을 제하고 꽈리만 한 다발 만들어왔다. 어느 꽃다발보다 더 좋았다. 꽈리를 달력 위에 걸어놓고 보노라면 시골집 화단도 보이고 어릴 때 뛰놀던 고향집도 보인다.

내년에는 가을을 선물하는 꽈리를 잘 가꾸어 더 많은 수확을 하여 이웃과 지인에게 나누어 아름다운 가을을 선물하고 싶다.

3. 땅콩

오월이면 가로등 밑에 있는 밭에는 고구마와 땅콩을 심는다. 까치가 떼로 모여들어 땅콩 밭을 헤집고 땅콩을 물고 달아난다. 땅콩 특유의 냄새가 나는 것일까, 땅 속에 있는 것을 어떻게 알고 파가는 것인지 신기하다.

비가 안 온 탓에 땅이 굳어 고구마 캐기도 힘들고 땅콩 뽑기도 만만치 않다. 땅콩을 수확하여 마당에 널었는데 사람이 있어서인지 까치가 덤비지 않았다.

땅콩은 콩과에 속하며 꼬투리열매가 땅 속에서 여문다. 소의 간보다 단백질 무기질 및 비타민이 풍부하고 지방이 많으며 설탕보다 칼로리가 높은 식품이다. 1년생 식물인 땅콩은 곧게 서거나 다발로 무리지어 자라는데 키는 45~60㎝ 정도이다. 옆으로 가면서 가는 줄기가 30~45㎝ 정도 자라고, 거기에서 가지들이 나와 땅 표면에 누우면서 뻗는다. 줄기와 가지는 단단하고 털이 있으며 잎은 두 쌍의 잔잎이 날개깃처럼 달려있는 겹잎이다.

꽃은 잎이 나오는 겨드랑이에서 피고 가느다란 꽃받침이 마치 꽃자루처럼 보인다. 꽃잎은 금빛 도는 노란색이다. 꼬투리는 길이 3~5㎝ 정도이며 한 꼬투리에 2, 3개의 씨가 들어있다. 꼬투리는 끝이 둥그런 원통 모양이고, 씨와 씨 사이가 잘록하게 들어가 있고 껍질은 얇고 그물 모양의 무늬가 있으며 울퉁불퉁하다. 씨는 타원형에서 둥그런 모양까지 다양하며 씨껍질은 흰색에서 자주색까지 여러 색이 있다.

추석 무렵 땅콩이 여물었다 싶으면 줄기를 잡아 뽑기도 하고 호미로 캐기도 한다. 뽑은 줄기는 양지 바른 댓돌에 널기도 하고 사다리 위에 걸쳐 놓아 말린다. 마른 땅콩은 손으로 꼬투리를 따기도 하고 사다리를 상자 위에 놓고 털기도 한다.

땅콩은 은행 까던 집게로 까는데 알이 모이면 골라서 약한 불에 서서히 볶는다. 시간이 걸려도 즐겨 먹는 아이들을 생각하면 힘든 줄 모르고 기쁘게 할 수 있다.

내년에도 땅콩을 심어 먹이는 기쁨 나누는 기쁨을 누리고 싶다.

고향 묘소

도로에는 벚꽃이 흩날리고 새잎이 돋아난다. 큰조카네 가족은 한 차에 타고, 우리 네 자매는 작은조카 차에 탔다. 친정 부모님 묘소는 내 고향 옥계 방치골에 있다. 예전에는 명주군 옥계면이었는데 지금은 강릉시에 편입되었다.

옥계에 도착하여 70세 된 언니는 차로 더 가게하고 우리는 예전에 다니던 창재를 넘기로 했다. 옛날 고갯길은 그대로이고, 그동안 소나무가 자라 아름드리가 되었는데 지난번 산불로 다 타버렸다. 나무를 가꾼 분의 마음이 헤아려진다. 산 아래 주택에 번지지 않게 하려고 모두가 얼마나 애썼을까….

과수원에서 과일을 이고 다닐 때에는 힘들던 고갯길인데 이야기를 하면서 넘으니 힘들지 않았다. 고개 위에 쉬어가던 묘소는 그대로였다. 산불로 부모님 묘소가 걱정되었는데 도착해 보니, 주위에 나무는 타버렸지만 묘소와 지난번에 올린 비석과 상석은 그을기만 하고 모두 안전하였다.

지난해 가을 투병 중인 동생이 친정 부모님 묘소에 가고 싶다고 하였다. 나는 오랜 세월 가보지 못하였기에 함께 가기로 했다. 동생과 12시에 강릉터미널에서 만나기로 하고 도착하니, 동생은 오는 중이고 친구 차가 나와 있을 거라고 하였다. 주위를 둘러보니 동생 친구는 먼저 알아보고 다가왔다. 차안에는 바구니가 있었는데 옥계 가는 길에 고향 집에 들러 감을 따오겠다고 했다. 동생 친구는 묘소 들어가는 입구까지 태워다 주었다.

친정 부모님은 방치골에 산을 개간하여 과수원을 만들었다. 8·15 해방 되던 해 새벽에 도둑이 창호지 바른 문살 사이로 칼을 들이밀며 돈 내놓으라고 하였는데, 겹집이어서 아버지는 뒷문으로 몰래 나가 언덕에서 '도둑이야' 외치니 도둑은 도망갔고, 그 뒤로 무서워서 일본 사람이 살던 집을 사서 이사했다. 큰언니는 결혼할 때까지 부모님과 과수원을 일구며 고생하며 살았다고 했다. 오빠와 밑으로 태어난 우리는 고생하지 않고 부모님 덕으로 배고픈 줄 모르고, 가을이면 붉은 싸리버섯과 때로는 송이도 맛보고, 겨울이면 곶감과 왕겨 속에 묻어 둔 국광 사과를 먹을 수 있었다.

과수원은 주인이 바뀌고 과일 나무는 없고 높고 낮았던 밭은 평평하게 되어있고, 지난여름 장마로 파종도 포기 한 채 빈 밭이었다. 동생과 나는 묘소를 찾으려고 야트막한 산을 오르내렸다. 10년이면 강산이 변한다는 말을 실감했다. 그동안 강릉에는 왕래하였지만 외진 부모님 묘소는 찾지 않았다. 동생이 더 와본 때문일까, 먼저 찾았다. 부모님 묘소는 조카들의 보살핌으로 주위도 잘 정돈되어 있었다.

내가 결혼 후 꿈에 어머니가 몸을 떨며 춥다고 했다. 묘소에 가 보았더니 봉분 1미터 떨어진 곳에 구멍이 나있었다. 그때 북에서 내려온 분이 결혼하여 친정 과수원에서 살았다. 그 집에서 삽을 얻어와 구멍을 돌로 막고 흙을 덮었다. 그 후로 형제들이 의논하여 묘소에 떼도 다시 입히고 주위도 축대를 쌓고 확장하였다. 오빠 얘기로는 그곳에 흙이 여러 리어카 들어갔다고 했다. 산소 쓸 때 묵은 묘가 있어서라고 했다.

동생과 산소에 다녀온 후, 양지쪽 과수원이 지금은 나무들로 꽉 차있고, 나도 기억이 흐려서인지 못 찾는데 다음 대에는 어떻게 찾겠는가 생각하게 되었다.

조카들과 비석 문제를 의논하기 위하여 어머니 기일에 갔다. 올케는 친척 분이 일찍 어머니를 잃고 장성한 후 이장하려고 갔는데 산소를 못 찾아 그 주위에 흙을 떠다 썼다며 찬성하였다. 교직에 있는 조카들은 방학 때 하겠다고 했다. 비석 올리는 날은 눈이 왔는데 그날은 오지 말고 한식 때 오라고 했다.

묘소 앞에 작은조카가 주목을 심었다. 부모님 묘소 앞에서 생전에 교훈 하셨던 '지는 게 이기는 것'이라는 어머니 말씀과 과수원에서 살 때 나무 한 짐씩 해놓고 5일장 구경 가셨다던 말씀, 우리 집은 도로 옆이어서 생선을 이고 팔러온 어부의 아낙에게 생선 값을 깎지 못하게 하셨던 아버지 말씀을 생각했다.

지금까지 무난히 살 수 있었음은 부모님 은덕임을 감사하며, 한편으로는 불효의 용서를 빌며 한 해에 한 번이라도 묘소에 잡풀이라도 뽑으리라 다짐한다.

그 릇

커피를 사려고 고르는데 마트 직원이 뒤편 진열대에서 사은품으로 접시가 딸린 것으로 권하였다. 집에 와서 보니 가볍고 예쁜 접시였다.

내가 쓰는 그릇은 옛날 것이다. 이제는 그릇 욕심이 없어져서 꼭 필요한 것만 사다 쓴다. 1년에 한 번 매실을 담글 때 쓰는 유리병, 김장때만 쓰는 큰 그릇과 바구니, 그런가 하면 일 년에 한 번도 쓰지 않는 그릇도 있다.

시아버님 계실 때에는 생신상을 차리기 위하여 접시는 가벼운 것으로 준비하고, 스테인리스 대접과 주발은 한꺼번에 준비하지 못하고 나누어 준비했다. 큰시누이는 생신 뒤 스테인리스 그릇을 삶아 반짝반짝 윤이 나게 정리해 주었다. 생신은 음력 5월 2일인데 더운 때라 반찬 만들기가 힘들어 삼계탕 그릇을 준비해서 차린 적도 있다.

내가 결혼할 때에는 혼수품으로 놋그릇을 가져왔는데 쓰기가 불편하여 그냥 두고 있다. 그런데 내게는 보기만하여도 즐거운 접시 두 개가 있다. 흰색의 접시는 가장자리에 남색 줄이 있다. 우리 집에 세 들어 살던 새댁이 선물한 것이다. 이 접시만 보면 새댁과 지내던 일들이 떠오르고, 새댁이 들려주었던 아름다운 사랑의 이야기가 떠오른다. 새댁은 명문대에 다녔고, 남편은 검정고시 출신으로 부모님의 반대에도 결혼한 이야기다.

시골집 행사 때 쓰는 꽃 그림의 예쁜 접시는 조카가 외할머니를(시어머니) 위하여 사다드린 것으로 내가 잘 쓰고 있다. 이렇듯 살아가는 데는 다양한 그릇이 필요하다.

성경에 보면 솔로몬왕은 금그릇만 사용하였다고 한다.(열왕상10:21) 이런 구절도 있다. '엘리사가 가난한 과부를 위하여 그릇을 빌리라고 하여 그 모든 그릇에 기름이 차면 옮겨놓으라. 너는 가서 기름을 팔아 빚을 갚고 남은 것으로 너와 네 두 아들이 생활하라 하였더라.(열왕기하4:7)' 여기에서는 큰 그릇이 필요하다.

그런가하면 이런 말씀도 있다.

'큰 집에는 금과 은의 그릇이 있을 뿐 아니요 나무와 질그릇도 있어 귀히 쓰는 것도 있고 천히 쓰는 것도 있나니 그러므로 누구든지 이런 것에서 자기를 깨끗하게 하면 귀히 쓰는 그릇이 되어 거룩하고 주인의 쓰심에 합당하며 모든 선한 일에 예비함이 되리라(디모데후서 20:21).'

그릇이란 물건을 담는 것도 있지만 마음을 담는 것도 있다.

그릇의 모양과 크기가 다르듯 사람마다 모든 면이 다르다고 생각한다. 다른 것을 인정하고 상대방을 대하면 문제가 잘 풀린다. 마음이 좁아서 이해력이 부족해도 그 사람의 장점을 보려고 하면 볼 수 있다고 생각한다. 한식상을 차릴 때 크고 작은 그릇이 필요하듯, 사람도 여러 모습의 사람들이 모여 화합하며 살아갈 때 더 나은 삶이 되리라고 생각해본다.

내가 쓰고 있는 그릇은 옛날 것이지만 내 마음 그릇은 새 그릇, 넓은 그릇을 쓰고 싶다. 바라기는 마음 그릇이라도 넉넉하여 서로 화목하게 지내고 싶다.

남이섬

지난 6월 29일 남이섬으로 가기 위해 남춘천역에서 가평행 기차를 타게 되었다. 김유정역에는 승객을 환영이라도 하듯 여러 개의 바람개비가 돌아가고, 산은 푸르게 다가왔다. 가평역에서 남이섬 선착장까지 시내버스로 이동했다.

유람선을 타고 섬으로 들어가니 공기도 맑고 나무들도 잘 가꾸어져 있다. 남이섬은 면적 40만 평방미터이고 둘레는 6㎞로 자갈 위에 모래흙으로 형성되었다. 17세에 무과에 급제하여 27세에 용맹이 꺾여버린 남이 장군의 묘가 있어 남이섬이라 부르기 시작했다. 1965년부터 수재 민병도 선생의 손끝과 마음으로 모래흙 땅콩밭에 나무들이 가꾸어졌다. 평소에는 육지였다가 홍수 때면 섬이 되던 남이섬이다.

남이섬은 남북으로 긴 반달모양으로 춘천시 남면 방하리에 있으며 2006년 국가형태를 표방하는 특수 관광지 '나미나라 공화국'으로 독립 선언하였다. 자연과 사람이 서로 아끼고 사랑하며 함께 숨 쉬는 나라를 만들고자 헌법도 서로를 위하고 존중하는, 편한 상식이 법보다 아름다운, 법 없이도 살아갈 수 있는 이들을 위한 '무법 천지법'으로 정하였다.

남이 장군은 세종 23년, 서기 1441년에 출생하여 17세의 나이로 무과에 급제, 1467년 이시애의 난을 평정하여 25세에 공조판서와 병조판서를 역임하다가 유자광의 모함으로 1468년(예종 1년) 12월 2일 억울하게 돌아가셨다. 1818년(순조 18년) 관직이 복구되었으며 시호는 '충무'이다.

이곳은 2001년 「겨울연가」의 성공으로 대만, 중국, 일본, 아시아 관광객이 급증하면서 최근에는 국제적 관광 휴양성지로 각광 받고 있다. 젊은 연인들은 자전거도 타고, 나란히 전동차를 이용하기도 한다. 잔디밭에는 그룹별로 게임도 하고, 가족들이 모여앉아 이야기도 나눈다.

메타세쿼이아 길을 걸어 보고 잣나무 길도 걸어보았다. 밤나무 밑에는 밤꽃이 떨어져 쌓이고, 높은 나무 위로 다람쥐가 재주넘었다. 온통 초록물결이다.

전동차를 타고 가는 직원에게 타조를 어디 가면 볼 수 있느냐고 물어 보았다. 그는 연못부근으로 가보라고 했다. 그곳으로 가보니 타조가 버찌를 따먹으며 놀고 있었다. 관광객들은 그 타조를 사진 찍기에 바빴다. 나도 오랜만에 버찌를 맛보았다. 문뜩 옛날 생각이 났다. 비 오는 날 벚나무에 올랐다 미끄러져 나무에 매달렸다. 아슬아슬한 순간 이웃 아저씨가 안아서 내려 주던 생각이 났다.

연못에는 분수가 뿜어 나오고 그 주위에는 거위와 오리가 쉬고 있고, 닭장에는 어미닭이 병아리를 데리고 놀았다.

평일인데도 이곳을 찾는 관광객이 많았다. 중국어를 하는 사람 일본어를 하는 사람 모두 미소가 넘쳐난다. 이곳은 몸이 불편한 사람도 전동차를 이용하면 아름다운 섬을 둘러볼 수 있다.

남이섬에서는 주말마다 사랑과 행복이 넘치는 공연이 펼쳐진다고도 한다. 사계절 어느 때이든 아름다운 섬이다. 나무들이 뿜어주는 신선함이 마음도 몸도 가볍게 한다. 오늘하루 푸르름을 안고 돌아간다. 고마운 남이섬이다.

전시회

1. 닥종이 전시회

라디오에서 '김영희의 아이들' 전시회가 있다는 소리를 들었다. 닥종이 인형이 보고 싶었다. 8월 20일 시청역에서 딸과 함께 조선일보미술관으로 갔다. 목소리만 듣던 선생님을 만나니 반가웠다.

작품 속에서 나의 지난날의 생활 모습을 보게 되었다. '엄마에게 등물을'이란 작품 앞에서 옛날 더울 때면 일하고 돌아오면 바가지로 등목을 하던 생각이 났다. 어머니께서 겨울에 가마솥에 솔가지로 물을 데워 씻겨 주시던 일이 생각났다. 내

아이들은 연탄불에 물을 데워서 씻겨주었다. '풍선껌을 부는 아이' 앞에서는 옛날 놀이 기구가 마땅치 않은 시절 껌을 서로 크게 불며 내기 하던 생각이 났다. 엎드려 세상 구경하는 아이를 보고 예전에 같은 놀이를 하던 생각에 웃음이 났다. '내가 새라면' 작품은 오리 등에 타고 양팔을 벌리고 있는 아인데 누구나 날고 싶어 하는 꿈을 잘 표현해주었다.

김영희 선생님은 다섯 살 때 문 갈이 하는 아버지 발목 밑에 떨어지는 파지를 주워 주물러 만든 인형이 시작이었다고 한다. 작품 속 아이들은 통통한 둥근 얼굴에 고무신을 신고 웃고 있다. 선생님 고희 작품 전시회를 보며 나도 못다 한 일을 한 가지씩이라도 해야 되겠다고 생각하였다. 하루를 후회 없이 살 수 있도록 노력해야겠다. 수많은 날들을 보내며 만든 작품을 한자리에서 볼 수 있음을 감사한다.

아침 일찍 가서 둘러보고 나오니 유치원생들은 차례를 기다리며 줄을 서 있다. 옛날 모습을 다시 볼 수 있게 해주신 선생님께 감사한다.

전시회를 보고 온 후 마치 고향집에 다녀온 것처럼 편안함을 느낀다. 촬영이 허락되어 딸이 핸드폰으로 찍은 작품들을 이메일로 보내왔다. 통통한 얼굴, 한 장 한 장 가까이서 다시 볼 수 있어 좋았다.

2 고갱 전시회

8월 27일 2호선 시청역 10번 출구에서 딸을 만나 서울시립미술관으로 갔다. 주민증대신 복지교통카드로 표를 구입했다.

이번 전시회는 전 세계 30여 미술관소장 진품 작으로 60여 점전시에 보험 평가액이 1조 5000억 원이나 된다고 한다. 고갱은(1848-1903) 프랑스에서 태어나 주식중개인이라는 직업을 가지고 취미로 그림을 그리다가 1880년 '제5회 인상주의전'에 참가하면서 본격적인 화가로 활동했다. 그는 문명사회를 버리고 남태평양의 타히티 섬으로 떠나 작품 활동을 하였다. 타히티 섬에서 원주민의 건강한 인간성과 열대의 밝고 강렬한 색채로 '타히티 여인들' '언제 시집가니' 등 작품을 남기고 자연풍경도 그렸다.

고갱의 3대 걸작은 '황색그리스도' '설교후의 환상' '우리는 어디서 왔는가 우리는 무엇인가 우리는 어디로 가는가'이다.

1897년 타히티로 건너간 뒤 심각한 가난 속에 건강마저 나빠진 고갱은 스스로 목숨을 끊기로 결심하고 '우리는 어디서 왔는가 우리는 무엇인가 우리는 어디로 가는가' 유서 같은 작품을 남기기로 결심하고 이 작품을 완성하였다. 4m나 되는 이 그림에서 오른쪽 세 여인과 어린아이는 생명의 탄생을 상징하고, 중앙의 과일을 따는 젊은이는 인생의 뜻을 이해하려는 자세이며, 그 왼쪽의 생각하는 여인과 늙은 여인은 죽음을 기다리는 모습이며, 새들과 배경은 인생의 풍요를 표현한 것이다. 죽음을 기다리는 여인 뒤에 있는 푸른색의 여신상은 타히티의 여신 '히나'인데 탄생의 여신이자 죽음의 여신이라고 한다. 이것은 고갱이 그의 친구에게 보낸 편지에서 밝힌 내용이다.

전시장 그림 앞에는 10여 명의 학생들이 앉아서 그림 설명을 듣고 있다. 설명하는 아가씨는 질문도 하고 그림에 대한 이해를 도우려 애쓴다.

그림을 구경하고 아트숍에서 작품이 그려진 간단한 소품을 구입하였다.

그림을 볼 수 있게 해주신 미술관측에 감사한다. 좋은 전시회를 열어주시기를 기원한다.

대나무

눈이 내린 지도 2주가 지났는데 밖은 아직 눈밭이다. 눈이 오면 눈 무게에 휘어졌다 털고 일어서는 대나무가 좋다. 예전 고향에는 산 밑에 지은 집들은 거의 대나무로 둘러싸여 있었다.

대나무는 벼과 여러해살이 상록식물로 열대로부터 온대에 걸쳐 널리 분포되어있다. 특히 비가 많은 동남아시아에서 많으며 하루에 60㎝까지도 자란다고 한다. 수명은 최고 150년으로 꽃필 때는 온 죽림이 일제히 핀 뒤 말라죽는다. 전 세계에 1,250종이 있으며 우리나라에서는 19종이 자생 또는 재배되고 있다. 건축, 기구제작, 장대 등으로 요긴하게 쓰인다. 그리고 죽순은 식용으로 잎은 진정, 진해 및 지혈 작용이 있으며 최근에는 암의 치료약이나 예방약으로 연구되고 있다. 대의 종류로는 죽순대, 솜대, 오죽반죽, 산죽, 제주조릿대 등이 있다. 우리나라에서는 중부이남 특히 전라북도와 제주도에 많이 난다.

어릴 때 오빠가 대나무로 낚싯대를 만들어 은어를 낚아오면 가족들은 은어 맛을 볼 수 있었다. 초등학교 시절 오빠친구 아버지의 배로 바다낚시를 갔는데 그날은 파도가 없어 바다 밑에 있는 해초까지 다 볼 수 있었다. 초등학교 담임선생님은 대밭으로 둘러싸인 집에서 하숙했는데 친구들과 저녁에 놀러 가면 대밭이 아늑하여 좋았다.

예전 고향에서는 정월 대보름 전날이면 악귀를 쫓는다고 머리카락과 왕대를 태웠다. 대 마디 타는 소리는 뻥뻥 울렸다. 대로 만든 피리소리도 심금을 울렸다.

만파식적은 신기한 피리에 대한 설화이다. 신라 신문왕 때 동해에 작은 산이 떠내려 왔는데 그 산에 신기한 대나무가 있어 낮에는 둘이었다가 밤에는 하나가 되었다. 왕이 그 대를 베어 피리를 만들었는데 이 피리를 불면 적병이 물러가고 질병이 나으며 가물 때에는 비가 오고 장마철에도 날이 개며

바람이 멈추고 물결이 가라앉는 등 신기한 일이 많았다고 한다. 그래서 국보로 삼았다는 내용이다. 대나무의 절개를 노래한 시조도 있다.

눈 맞아 휘어진 대를 뉘라서 굽다던고
굽을 저리면 눈 속에 푸를 소냐
아마도 세한고절은 너 뿐인가 하노라

- 원천석(고려말의 충신)

봄이면 대바구니 들고 동네 언니들을 따라다니며 나물하던 생각이 난다. 강한 것에 부딪히면 꺾이지 않고 다시 일어나는 대나무가 좋다. 날씨가 풀리면 대나무를 보러 가고 싶다.

겨울 채비

1. 문 바르기

철길 건널목을 건너려는데 코스모스가 발길을 멈추게 한다. 아깝지만 화장지에 꽃송이와 잎을 따서 집에 와 책갈피에 끼워 넣었다. 시골집 문 바를 때 쓰기 위해서다.

음력 시월에는 겨울 준비를 한다. 바람이 없고 볕이 좋은 날을 택하여 문을 바른다. 지난해 바른 문은 깨끗하여 그냥 두었다. 미닫이와 작은 문을 떼어 물을 뿌리고, 창호지를 떼고 먼지를 털었다. 미닫이문은 남편이 문살에 풀칠하여 바르고 손잡이 옆에는 코스모스 꽃잎과 잎을 붙인다. 나는 창호지에 풀칠하여 작은 문에 바른다. 바르기도 쉽고 다시 바를 때에는 뒷정리가 쉬워서이다.

시아버님은 항상 문살에 풀칠을 하셔서 다시 문 바를 때에는 작은 문살에 낀 먼지를 닦느라 시간 보냈다. 단독 주택에 살 때에는 방 두 칸을 세놓았는데 방주인이 바뀔 때마다 다시 문을 손보았다. 손잡이 옆에는 단풍잎도 넣고 예쁜 꽃잎을 넣으면 밖에서 불빛에 비친 그림이 좋았다.

예전에는 겨울이 오기 전에 창문밖에는 비닐을 치기도 하고 문풍지를 붙이기도 했다. 가족들이 겨울을 따듯하게 지낼 수 있게 노력했다. 지금은 겨울이 덜 춥지만 서로가 배려하는 마음으로 겨울 준비를 해야겠다.

2. 김장하기

김장철이 돌아오면 새우젓을 준비하여 부모님이 계시는 시골집 김장을 먼저 했다. 입동 무렵이면 무를 뽑아 저장하고 배추를 절인다. 밤에는 배추를 뒤집어 잘 절여지도록 한다. 어머님이 양념을 넣어 주시고 나는 버무려서 미리 묻어둔 독에 차곡차곡 담는다. 다 하고 나면 시아버님은 이엉을 엮어서 김칫광을 만들어 주셨다.

어릴 때 아버지를 따라 바다로 배추 씻으러갔다. 그때는 국거리배추와 김장 배추를 심었는데 배추뿌리는 달고 맛있었다. 배추밭에는 메뚜기도 많았고 배추는 통이 잘 들지 않았다. 30분 정도 걸리는 바다까지 배추를 소달구지에 싣고, 나도 타고 갔다. 바다에는 바위들이 많았는데 바위 틈새로 작은 게가 기어 다니고 골뱅이와 섭도 있었다. 바위와 바위 사이에 배추를 쏟아놓고 맑은 바닷물에 깨끗이 씻어오던 생각이 난다.

한 40년 전 일이다. 11월 20일에 이사했는데 그날은 눈이 무릎까지 차게 왔다. 다음날 배추를 알아보러 나갔더니 저장된 배추는 비싸서 살 수 없고, 그냥 둔 배추는 얼어서 못쓰게 되었다. 다행히 무는 묻어두어서 무 한 가마니와 눈 속에 있던 갓을 사왔다. 무를 큼직하게 썰어 버무려 무 한 켜, 갓 한 켜 넣고 했는데 갓에서 붉은 물이 나와 빛깔도 곱고 맛도 좋았다.

이제는 부모님도 안 계시고 아이들도 나가 살아 김장철이라 해도 근심하지 않는다. 한 끼에 배추 반 포기씩 상을 차리던 때를 생각해본다.

3. 연탄들이기

지금은 가스로 난방을 하지만 20년 전에는 추석이 지나면 연탄을 준비했다. 아궁이 3개에 난로 하나, 하루에 10장 이상 연탄을 사용했다. 밤에는 불이 꺼질까 조심하며 지냈다.

아침이면 사과상자에 연탄재를 모아 청소부 종소리가 나면 달려 나갔다. 무거운 연탄재도 군말 없이 받아준 청소부아저씨가 고맙기만 했다.

연탄은 진흙을 섞어 만든 것을 사면 좋은데 잘못 사면 부서져서 불 갈 때면 연탄재를 국자로 퍼내기도 했다. 연탄 방 아랫목에는 늦게 돌아오는 가족을 위하여 밥주발을 꼭 싸서 묻어 두기도 하고 가족들이 모여 추위도 녹였다. 그때엔 미장원에 가면 연탄 난롯가에서 이야기도 하고, 뜨거운 차도 마실 수 있었다. 그때가 그립다. 겨울이면 연탄불에 구운 고구마도 생각이 난다.

2.

듣고 싶은 목소리

도리깨

10월 초순, 깨를 베어 깔아놓았다. 일기 예보를 잘 듣는다. 베어 놓은 지 3일 밖에 되지 않았지만 비 온다는 예보에 털기로 하였다. 밭으로 가려면 학생연수원을 지나가는데 차도에는 도토리도 떨어져 있고, 알밤도 떨어져 있어 주우면서 간다. 즐겁다.

도리깨채는 단단하고 곧게 자란 노가지(노간주)나무로 되어 있다. 도리깻열은 물푸레나무 회초리로 만든 것이었는데 지금은 굵은 강철선으로 대신해 쓰고 있다. 남편은 깨 그루터기를 뽑고, 밭을 평평하게 만들고 비닐 멍석을 깔았다. 멍석 밑에는 도리깨질을 할 수 있도록 헌 매트도 넣었다. 나는 남편이 도리깨질 한 깻단을 나무상자 위에 놓고 털었다. 나무상자와 막대기는 여러 해 쓰는 동안 반들반들해졌다.

산 밑에 있는 이 밭은 시아버님 산소가 있어 일하러 오면 아버님 생전의 모습도 떠오른다. 내가 처음 시집 왔을 때 '허리춤에 빗만 꽂고 와도 잘 살면 된다'고 하셨다. 집안의 대소사를 맏며느리인 내게 꼭 의논하셨다.

5월 말경 들깨 씨를 붓고 비둘기와 들새들 때문에 차광망을 덮는다. 씨가 싹트면 차광망은 벗긴다. 초복 때면 모종을 심는다. 밭고랑은 60㎝, 모종 싹은 30㎝ 간격으로 키를 맞추어 3, 4포기씩 심는다. 장마 지나고 웃자란 포기는 순을 쳐준다. 들깨 꽃이 피면 벌들이 꿀을 모으느라 분주하다.

점심때가 되어 나무 그늘로 간다. 이곳에 샘이 흘러 손도 씻을 수 있다. 예전에는 식수로 이용했다고 한다. 찬합의 밥은 땀 흘린 후라 꿀맛이다. 주위에는 밤나무, 은행나무, 잣나무 등이 무성하다. 휙 하는 소리에 소리 나는 곳을 쳐다보니 청설모가 5m도 넘게 재주를 넘었다. 산 밑이어서 콩을 심으면 고라니 피해를 보기도 한다.

깨를 얼개미로 친다. 자루에 담아 손수레에 실었다. 남편은 자전거에 손수레를 매달고 다닌다. 차도로 오려면 경사진 곳을 내려와야 하는데 손수레는 내가 끌고 자전거만 가지고 오라고 하니, 남편은 내리막길이니 그만두라고 했다. 그래도 나는 내가 가지고 가면 자전거만 가지고 오면 되겠다는 생각에 내려오다 짐을 실어서인지 헌집 담을 받았다.

우지끈 도리깨채가 부러졌다. 남편의 안색이 달라졌다. 하지만 도와주려고 한 일인 줄 아는데 어쩌랴….

남편은 사선으로 부러진 도리깨채를 지붕할 때 쓰던 강력접착제로 붙이고, 철사로 동이고 까만 테이프로 감았다. 아버님이 쓰시던 도리깨여서 더 소중한가 보다. 도리깨는 콩을 털 때에도 소중하게 쓰인다. 지금은 시장에서 도리깨도 살 수 있지만 아버님이 쓰시던 길들여진 도리깨가 더 좋다.

예전에는 벼를 타작하고 북데기를 묶어 두었다 한가할 때 도리깨로 다시 털었다. 여름철 보리 털 때에는 도리깨질하기가 무척 힘들다. 더위 때문이다.

콩을 털 때 마당에 콩이 박혀서 콩 자국이 난 것도 보았다. 지금은 비닐 멍석을 깔고 하기 때문에 콩 자국은 볼 수 없다.

예전에 도리깨질 하다 도리깻열에 손을 맞아 아파 보기도 하고, 깨를 털 때 도리깨를 사용할 줄 몰라서 깨가 으스러진 적도 있다. 도리깨는 잘 다루어야 한다. 콩 농사를 많이 하는 집에서는 기계로 털지만 조금 짓는 우리 집에서는 요긴하게 쓰인다.

깨도 털어 나누는 기쁨도 주고 콩도 털어 간장, 된장도 만들 수 있으니 도리깨는 소중한 존재이다. 강력 접착제로 덧붙이고, 철사로 동여맨 우리 집 도리깨. 생시의 아버님을 뵙듯 다가서서 바라다본다. 한걸음 더 다가가서 소중하게 만져본다.

할아버지와 손자

추석이 가까워진다. 할아버지는 손자들에게 줄 밤을 매일 매일 떨어지는 대로 모은다.

할아버지는 집에서 한 시간 거리인 부모님 사시던 시골집으로 농사일을 다닌다. 아이들은 날씨가 더우면 할아버지 잘 다니시는지, 비가 내리고 바람이 불면 시골에 농사피해가 없으신지 전화한다. 학교에서 시험을 잘 보았거나 체험학습을 갔다 와도 들려준다. 할아버지는 전화만 오면 표정이 밝아진다. 아이들의 전화는 영양제이다.

어릴 때 감기가 들어 밤에 보채면 할아버지는 업어서 달래

주었다. 그 아이가 자라서 초등학교 6학년이 되었다. 만나면 할아버지 어깨도 주무르고 다리도 주무른다. 밤에 잠들 때면 옛날이야기를 들려주어야 자던 아인데 이번 추석에는 운동을 해서인지 금방 잠들었다. 만날 때마다 훌쩍 커버려 큰아이는 중학교 2학년인데 올려다보게 되었다.

남편은 들깨가 여물고 잎이 떨어진다며 깻잎을 따야 된다고 했다. 나는 봄에 다친 후 오래 서 있지 못하여 올해는 못 따겠다고 했다. 아이들은 깻잎을 좋아한다. 할아버지는 깻잎을 한 장 한 장 모아 따왔다. 나는 끓는 물에 잠깐 넣었다 우려내어 차곡차곡 양념한다.

또 할아버지는 여름 오디가 익으면 보자기를 펴고 털어 오디액을 만들고 보리수도 액을 만든다. 아이들이 즐겨 마시기 때문이다. 요즘은 고구마를 캐놓고 기다린다. 이렇듯 할아버지는 아이들이 커가는 모습에 기쁨을 느낀다.

예전에 시어머니께서는 함석지붕에 밤 떨어지는 소리가 나면 무릎이 불편한데도 밤을 모아주시고, 겨울이면 엿을 고아 아이들을 위하여 보내주셨다. 일찍 동생을 본 손자를 위하여 겨울이면 쌀강정을 만들어 주시던 친정어머니 생각이 난다.

철따라 좋은 것을 주시려고 애쓰시던 부모님 생각을 하게 된다.

할아버지는 날씨가 추워져도 가을걷이를 위해 일찍 집을 나선다.

도배하기

딸이 쓰던 방은 결혼 후에도 두 아이를 출산하고 산후 조리까지 했다. 그 후 집수리할 때 짐을 쌓아두고 도배하지 못하였다. 큰외손자가 두 돌이 지나 제집으로 가고, 작은외손자도 두 돌이지나 제집으로 간 후, 장난감을 쌓아 두고 창고처럼 썼다. 손녀가 중학교에 들어가고, 이제는 명절에 오면 따로 방을 주어야겠다는 생각이 들어 도배할 준비를 했다. 8월 초, 외손자는 유치원 방학이라 와있게 되었다. 벽에 물뿌리개로 물을 뿌리고 헌 벽지를 벗겼다. 35도를 오르내리는 더위에 땀을 흘렸다. 외손자는 수건을 가져다 내밀었다. 이 방에서 뒤집기를 하며 자란 아이이기에 더욱 대견스러웠다.

나는 신혼 때부터 전근 다니는 남편을 따라다니며 여러 번 방을 도배했다. 처음 신혼 방은 문만 열면 감나무가 있어 여름에는 그늘이 시원하고 가을이면 연시도 좋았다. 고성에서 는 부엌 딸린 방이었는데, 수복 후 피난민이 정착해 살면서 지은 집이라 기둥이나 서까래가 가늘었다. 벽은 흙이라 신문으로 초배를 하고 벽지를 발랐다. 아들이 6세 때 작은방 둘인, 부엌 딸린 문간방으로 이사했다. 안채와 떨어져 만족하며 3년을 살았다. 시아버님은 겨울이면 손자 주시려고 쌀엿을 고아오셨다. 나는 먼저 주인댁에 드리려고 접시에 담아가지고 나서면, 아버님께서는 "에미야, 네 입에 먼저 넣어라."고 하셨다.

아들이 중학교 갈 무렵 내 집을 갖게 되었다. 방은 네 칸인데 남은 방은 세놓느라 자주 도배하게 되었다. 목조 집은 나무기둥과 벽 사이가 틈이 나있어 먼저 틈새를 메우고 도배를 했다. 그때는 종이도 나쁘고 무늬를 맞추느라 고생했다.

시댁 집수리 할 때면 시부모님이 풀칠을 해주시고 나는 벽지를 붙였다. 소양댐 방류로 시골집이 물에 잠겼다가 물이 빠진 후 개흙을 걷어내고 도배할 때의 일이다. 안방을 다 바르고 윗방을 바르려고 아버님께 벽지를 잘라 달라고 부탁하였다. 아버님은 다락에서 피지를 찾아와서 먼저 뜬 벽지를 정리하고 바르자고 하셨다. 몸은 고달팠지만 마음은 편했다.

한 번은 도배를 하고 붙박이장 서랍을 빼고 청소를 하려는데 신문에 쌓인 것이 보였다. 무엇인가 펼쳐 보니 현금 80만원이었다. 돈은 색도 바래고 윤기도 없었다. 벼 수매한 것을 넣어두고 아버님은 79세에 병이 나신 후 잊으셨던 것이다. 그 돈은 몇 년 은행에 두었다 어머니 수의를 맞춰드렸다.

벽을 바르려면 틈새를 메우기도 하고 벽면을 고르게 하기 위해 피지를 먼저 바르기도 한다. 우리네 삶도 그렇다. 이웃과의 관계와 동기간에도 피지의 역할을 해야 되기도 하고 피지의 역할을 감당할 때도 있다.

작은방은 이제 밝은 색으로 단장되었다. 도배하면서 내 어린 시절 작은방에서 자매들끼리 한 방을 쓰며 등잔불을 켜고 공부하고 언니는 결혼준비로 십자수를 놓으며 지내던 일도 떠오른다.

이 작은방에서 손녀 손자들이 편히 쉴 수 있기를 기대해본다. 나의 작은 힘이지만 그들을 위해 벌어진 틈새를 메우는 피지의 역할을 다하고 싶다.

듣고 싶은 목소리

친구에게서 전화가 왔다.

투명 중인 친구가 면회 오는 것을 싫어하여 병문안을 못 가보았는데 더 늦기 전에 가보자는 것이다. 나는 오십견으로 치료받으러 다니느라 그 일은 잊고 살았다.

입원 중인 친구와 가까운 이에게 전화하여 가도 되는지 알아봐 달라고 하였다. 이젠 면회와도 된다는 허락을 받고 이틀 후에 가기로 친구들과 약속했다.

그날 밤 11시경 전화소리에 깜짝 놀라 깼다. 아픈 친구가 소천했다는 전갈이다.

삼성역에서 친구 7명과 만나 강남 병원으로 갔다. 힘들었던 육신은 잠재우고 하늘나라에서 편히 쉬라고 기도했다. 친구를 빼닮은 큰딸이 엄마의 병세를 설명해준다. 지난봄부터 소화가 안 되어 계속 검사하였는데 여름에야 췌장암 판정을 받았다고 했다. 그동안 환자나 가족들의 고통이 짐작이 간다.

내 고향은 그 친구와 같은 강릉 옥계이다. 시냇물이 맑게 흐르고, 봄이면 보리밭 물결이 일렁이고 여름이면 동해안 푸른 바다가 손짓하였다. 먼저 간 친구는 고향에서 함께 어린 시절을 보내고, 결혼 후에도 나는 춘천에서 그 친구는 서울에 살면서 왕래하였다. 그 친구 어머니는 풍채가 좋으시고 생활력이 강하여 장에서 큰 우동집을 하였다. 친구는 어머니를 도와 밀가루 반죽도 하고 식당 일을 도왔다. 교회에도 열심히 다녔다. 나는 그의 전도로 교회에 다녔다.

어린 시절 성탄절이 돌아오면 발표회를 하였는데 친구와 나는 찬양연습도 함께하고 무용 연습도 함께했다. 연습이 끝나면 밤길이 무섭다고 선생님과 바래다주었다. 주일학교 학생들은 무용과 찬송, 동방박사 세 사람 연극을 하였다. 청년부에서는 「돌아온 탕자」를 하였는데 탕자 역을 잘 하여 모두를 즐겁게 하였다. 발표회가 끝나고 난롯가에서 놀다가 새벽송을 부르러 갔던 기억도 새롭다. 곶감, 엿, 사탕 과자 등을 받아오면 낮 예배 후에 주일학교 선생님이 고루 나누어 주셨다.

초등학교 동창모임을 소양댐에서 하였을 때 친구들은 뱃머리에 부서지는 물결을 보며 모두가 '고향의 봄'을 부르며 즐거워하였다. 그 친구와 노래방에 가면 고운 목소리로 가곡을 여러 곡 불러 모두를 즐겁게 하였다. 삼 남매를 길러 딸 둘은 결혼시키고 장성한 아들은 직장에 다닌다. 외손녀를 기르며 손녀가 귀여워 자랑이 대단했다. 이제 자리 잡고 손자들의 재롱을 보며 살아갈 때인데 하나님은 왜 그리 빨리 데려가셨을까. 안타까운 일이다.

나는 그 친구의 전도로 신앙생활하면서 너무나 많은 것을 체험했다. 성미 급한 나는 어려운 일에 부딪히면 다시 생각해보는 여유도 생겼고, 억울한 일을 당하였을 때 '칼을 들고 덤벼도 솜으로 싸 막으라'시던 목사님의 말씀을 되새기며 잘 이길 수 있었다. 그런 친구가 먼 길을 떠났다.

이제 목련은 지는데 친구의 목소리가 그리워진다.

모내기

모심기를 한다고 하여 점심 국거리를 준비하여 시골집으로 갔다. 모를 심은 논이 많이 보인다. 비가 오는데도 우비를 입고 모심기를 한다. 비가 내려서 쑥갓, 시금치 등 채소들은 더 크고 푸르게 자랐다.

모를 기르려면 많이 하는 농가에서는 볍씨를 보급종을 구입해서 하는데, 우리는 집에서 볍씨를 소독하여 못자리용 흙을 사서 쓴다. 공동으로 상자에 볍씨를 뿌리고 한 달 동안 하우스에서 길러 모심기를 한다. 논바닥은 경운기로 애벌논을 갈고 트랙터로 바닥이 고르게 한 다음 이틀 지나 모심기를 한다. 모판을 경운기로 실어다 논둑에 놓으면 집안동서는 보행 이양기로 모를 내고, 기계에 올려주는 사람 모판 정리하는 사람 여러 사람이 도우며 일한다.

예전에는 모를 심을 때 못줄을 잡아 주는 사람, 심는 사람 모심부름하는 사람 여러 사람이 두레를 짜서 애썼다. 학교에선 농번기에는 일손을 돕기 위해 학교도 쉬었다. 점심준비는 팥을 삶아 드문드문 뿌리고 함지에 못밥을 펴서 베보자기로 덮고, 반찬과 막걸리도 준비하여 동네 아주머니들과 함께 많은 사람들을 대접했다. 지금은 기계로 하니 못밥 걱정은 안한다.

아침 일찍 먼저 모낸 집에서 참으로 막국수를 대접하고, 우리는 점심을 하였다. 80이 넘으신 아저씨는 참을 드셔서 못 드신다고 하여 이웃 아주머님과 몇 분만 드셨다.

모내기 하려면 물이 부족하면 어렵지만 이번에는 비가 자주 와서인지 일주일 정도면 끝난다고 한다. 모를 심고 나니 후련하다. 가을장마에 벼논이 물에 잠겨 안타까워하던 생각도 떠오른다. 이제 물대기와 기후만 좋으면 하는 바람이다.

모 심은 후 빈 모판을 수거하여 나르느라 경운기 소리가 요란하다. 모가 잘 심어진 논을 돌아보며 올해도 풍년이 되기를 기원한다.

목 화

전철이 다니기 전, 남춘천역에는 여러 가지 화초가 많았다. 그중에는 요즘 보기 드문 목화가 있어 씨를 받아 해마다 심고 있다. 봄에 목화씨를 화분에 심어 집에는 두 그루 두고 1층 슈퍼 아주머니께 두 그루 갖다 드렸다. 처음에는 미색 꽃이 피더니 보라색으로 변했다가 씨를 맺었다.

목화는 아욱과의 한해살이풀로 원줄기는 60㎝ 정도이고 잔털이 있고 곧게 자라면서 가지가 갈라진다. 잎은 어긋나고 흰색 또는 누런색의 오판화가 옆 겨드랑이에서 핀다. 열매는 삭과를 맺으며 씨는 검은색이고 겉껍질 세포가 흰색의 털 모양 섬유로 변한다. 솜털은 모아서 솜을 만들고 씨는 기름을 짠다.

예전 시댁에는 목화밭이 있었다. 해마다 목화를 심어 시누이 셋의 혼수품으로 이불솜을 준비하고, 내 딸 몫으로도 다락에 보관해두며 쓰라고 하셨다. 겨울에 시댁에 갔다 올 때면 아기발이 얼까 염려되어 시어머니는 아기 발에 솜을 싸고 양말을 신겼다. 아기 포대기도 목화솜으로 만들어 주셨다. 그때는 시아버지 바지저고리에 솜을 두어 만들었다.

예전 목조집은 겨울이면 방에서도 그릇의 물이 얼 정도로 추웠다. 하지만 저녁에 솜이불을 펴놓으면 따뜻했다. 당시에는 목화로 실을 뽑아 무명옷도 만들어 입고 우리 생활에 도움을 주었다.

우리 집 화분에 심은 목화는 씨를 받고 시들어 뽑아버렸는데, 1층 화단에는 가지도 많이 뻗고 60여 송이 피어있었다. 아주머니께 잘 가꾸신다고 했더니 아파트에 사시는 할아버지가 가꿔서 잘된다고 했다. 할아버지는 옛날 꽃이라 더 살펴주신 것 같다. 또한 내가 나누어준 일일초를 심은 약사님은 미스코리아 같은 꽃이 피었다고 좋아했다. 이렇듯 여러 사람이 보고 즐거워하니 나누는 기쁨이 또한 크다.

목화씨를 보관하며 내년에도 모종을 나누어야겠다고 생각한다. 아기 발을 솜으로 싸주시던 시어머니의 따뜻한 마음을 생각하며.

보리 익는 캠프페이지

춘천역 앞에는 캠프페이지 담장을 허물고 화단이 잘 꾸며져 있어 전철을 이용하는 손님에게 큰 기쁨을 주고 있다.

캠프페이지는 1951년 미군기지 비행장으로 건설된 지 62년 만에 개방된다고 한다. 캠프페이지란 명칭은 당시 함경도 전투에서 공을 세운 미군 페이지 중령의 이름을 그대로 썼다고 한다. 앞으로 격납고를 리모델링해 장애인 스포츠센터와 시민 체육시설로 활용한단다.

시에서는 캠프페이지 59만㎡에 이르는 드넓은 부지에 청밀,

귀리, 유채, 메밀 등을 심었다. 보리를 보기 위해 나섰지만 첫날은 유채꽃만 보고 오고, 다음에 갔을 때에는 메밀꽃을 보았고 보린 줄 알고 꺾어온 푸른 줄기는 귀리라고 했다. 나는 귀리는 처음 본다. 옆집 아주머니께 보리를 두 번이나 보러갔다가 못 보았다고 했더니 도로에서 떨어진 곳에 있다고 했다. 세 번째는 가르쳐준 대로 유채 밭을 지나고 메밀밭을 지나갔더니 보리가 누렇게 익고 있었다. 보리를 보며 옛날 가을이면 추수가 끝나고 논보리 심고, 농번기 때 보리가 익어 일꾼을 못 구해 애쓰시던 부모님 모습이 보인다.

이곳에는 동물농장도 있다. 동물농장에는 말, 양, 젖소, 토끼 등도 있고, 연두색의 잉꼬가 인사 한다. 십자매도 있고 가까운 곳에서 동물들을 볼 수 있어 감사하다. 지금은 청밀을 기계로 수확하고 있다. 앞으로 해바라기도 피고, 호박, 포도, 참외, 수박, 가지도 열릴 것이다.

아침에 나갔더니 도로 옆 화단에 핀 사피니아 꽃잎이 살랑살랑 흔들린다. 먼저 피었던 또 다른 꽃은 이미 씨를 맺었다. 이름은 모르지만 집에서 심어보려고 씨를 받아왔다.

방학이 기다려진다. 채소가 자라는 모습을 아이들에게 보여주고 싶다. 원두막에서 과일을 맛볼 수 있으면 더욱 좋겠다.

집 근처에 볼거리가 많아서 좋다.

지금은 유채도 수확하고 무엇을 심을지 기대된다. 모두가 즐길 수 있는 쉼터가 되었으면 한다. 62년 만에 돌아온 보리밭, 내년에도 그 푸른 물결을 보고 싶다.

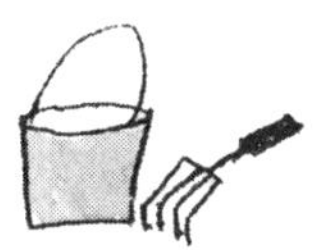

봄을 만나니 감사하다

토요일 일찍 집을 나섰다. 차창 밖으로 살구꽃 개나리꽃이 한창이다. 의암댐 절벽 바위틈에 한 아름 피어난 진달래는 색깔이 무척 고와 보인다. 비 오고 바람 불고 춥던 뒤라 날씨가 맑아서 감사하다.

시내에서 한 시간 거리인 시골집은 걸어서 20분 가면 밭이 있는데 가는 길에는 제비꽃이 소복소복 피어나 반겨준다. 이 밭은 부모님 모시려고 산 밑 양지 바른 곳에 준비하였다. 부모님 산소 앞에는 막내 시동생이 가져온 꽃다발이 곱다. 도로

가 가까워 언제나 들를 수 있어 감사하다.

산 밑 밭 가장자리에 땅두릅을 심어 일찍 봄나물을 맛볼 수 있다. 때를 놓치면 나물꾼에게 내어주지만 올해에는 제때에 왔다. 묵은 가지 밑에는 새순이 10㎝ 정도 자랐다. 부모님 생전에는 두릅전을 좋아하셨다. 나물을 해가면 골라주시고 반기던 모습이 떠오른다. 땅두릅은 오가피나무과 다년생풀로 2m 이상 자란다. 뿌리는 가을에 햇볕에 말려 다려 마시면 관절염 신경통 가려움증에 좋다고 한다.

자연산 두릅과 개두릅은 잎이 돋지 않았다. 그러나 연못 속에는 창포가 올라오고 나는 둑에서 원추리와 쑥도 뜯었다. 머위는 열흘은 지나야 뜯을 것 같다. 기다려진다.

남편은 밭을 정리하고 거름을 편다. 올해는 일찍 못자리를 하여 좋다.

시골집에 돌아와 제비소리가 나서 쳐다봤더니 제비가 묵은 집에 들어와 앉아있다. 새집을 짓지 않고 살다 가려나보다. 새 가족을 많이 거느리고 살다가기를 기대해본다. 집 앞 텃밭에는 달래가 탐스럽다. 달래도 캐고 고들빼기도 캔다.

돌아오는 길은 강촌에서 차가 많이 밀린다. 새 다리가 개통되면 수월할 것 같다. 주말에는 레일바이크 타며 즐기는 분들이 많다. 시내버스에는 등산객들로 만원이다. 지난해에는 봄을 병실에서 보냈지만 올해에는 가까이서 봄을 만나니 감사할 뿐이다.

다음에 다시 봄 향기를 즐길 수 있기를 바란다.

두릅 한 봉지

5월 초순경이면 자연산 두릅이 한창이다. 시골버스를 타고 강촌을 지나 산골로 들어서면 산마다 연둣빛 나뭇잎과 산벚꽃이 반긴다. 이맘때면 다래순도 펴지고 일찍 돋는 산나물도 올라온다.

시골집 뒷집에 사시는 아주머니댁에 들렀다. 몸이 아파 따님댁에 여러 달 계셨다고 했다. 시어머니 생전에 친구해 주셔서 늘 고마웠던 분이다. 아주머니는 아들과 함께 지내신다. 며느리와 손주들은 학업 때문에 따로 사신다.

시골집 뒤뜰에서 잔대순도 뜯고 참나물도 뜯었다. 논둑에 돌나물이 많이 자라서 걷어 왔다. 마당에는 옥수수 모종이 자라고, 밭에는 비닐을 씌우고 가지, 고추, 고구마모종 심느라 분주하다.

돌아오려고 하는데 아주머님이 보행기를 밀고 오셨다. 아들이 산에 일하러 갔다가 두릅을 따왔다고 가져가라신다. 두릅을 따려면 가시에 찔리고 고생했을 걸 생각하니 더 고마웠다.

두릅은 사포닌과 비타민C가 많으며 신경안정, 관절염, 발암물질억제, 암예방 등에 효능이 있다고 한다.

산에 오르면 산속에서 신선한 기운을 받을 수 있지만 지금은 바라보는 것으로 만족한다. 앞산으로 가는 길에는 안개꽃 같은 흰 꽃이 피어있고, 찔레나무도 있다. 어머님이 산나물을 고르며 반기시던 기분을 이제 알 것 같다. 두릅 선물은 내게 산을 오르던 기분을 느끼게 해주고, 두릅 딸 때의 기쁨도 느끼게 한다.

시골에는 노인분도 어린아이들도 줄어서 길에서 사람 만나기가 어렵다. 주말이면 등산객들로 시내버스는 만원이다.

시골집에 갈 때만이라도 아주머님댁에 들러야겠다.

저녁에는 두릅전도 하고, 봄나물로 차려야겠다. 선물한 이웃에 감사하며.

삼인행(三人行)에

1. 서울 새댁

우리가 처음 장만한 집은 과수원 주인이 좋은 목재로 지은 한옥이었다. 방이 네 개나 되어 부엌 딸린 방은 세를 놓았다. 월세 방이라 늘 신혼부부가 살았고 세든 사람마다 아들을 낳았다.

81년 이른 봄 젊은 부부가 방을 보러왔다. 나는 이 방에 오는 분은 아들을 낳는다고 하였더니 신랑은 씩 웃었다. 새댁은 서른 살이 넘었는데 유산이 자주 되고 아기가 없다고 했다. 새댁은 서울에서 살다가 짐은 시댁으로 보내고 간단한 세

간만 챙겨서 남편을 따라온 것이다. 친정은 부산인데, 서울 명문대를 나오고 귀하게 자라서인지 살림은 서툴렀다.

하루는 새댁 시집에서 전화가 왔다. 집을 증축하게 되어 새댁 짐을 옮겨야 된다고 했다. 새댁은 나에게 짐 쌓을 방 하나 얻어달라고 하였다. 나는 부엌 위에 다락이 넓고 광도 넓으니 가져오라고 하였다. 새댁은 짐을 정리하면서 친구가 외국 가며 주고 간 물건이라며 남방 원단과 옷을 큰 솜이불만큼 주었다. 그날 밤 너무 많은 것을 받고 잠이 오지 않았다. 다음날 먼 곳에서 교회에 나오는 분께 옷감을 주며 이웃과 나누어 쓰라고 하였다.

새댁의 친정에서는 다달이 새댁 몫으로 송금이 되어왔다. 새댁은 어려운 가정의 맏며느리로 친정에서 오는 돈을 모았다가 시동생 학비로 보냈다. 나는 그 당시 우리 시댁에 쓰여지는 돈에 불만이 있었다. 그런데 새댁을 보면서 시댁에 쓰여지는 돈에 대하여 불평하지 말자고 다짐했다.

2. 현이 어머니

'따르릉' 전화가 울린다.

받아보니 현이 엄마이다. 현이 아빠가 돌아가셔서 친구분들한테 알려야 되는데 연락할 수 없단다. 현이 아버지가 쓰러진 지 3일 만에 가셨다고 하였다. 현이 아버지가 61세여서 퇴직한 지도 얼마 안 되어 마지막 근무지를 물으니 홍천이라고 하였다. 그래서 먼저 직장으로 전화하여 친구분들께 연락하여 달라고 하였다.

내가 현이 엄마를 알게 된 것은 단독 주택에 살 때였다. 반상회에 갔더니 그 집 주인이 자기 집 옆방에 내 남편과 같은 직장에 다니는 분이 산다고 하였다. 그 부인은 아들이 4살 때 교통사고로 하반신 마비가 되었는데 아들은 다치지 않고 부인만 장애인이 되었다. 남편은 몇 년 동안 방황하다가 부인 앞으로 나온 보상금도 다 써버리고 다시 직장 생활을 하였다. 현이 아버지는 아기 못 낳는 여자와 동거하며 한집에서 살았다. 현이 아버지가 이혼을 요구하였지만 생활 대책도 없이 이혼할 수가 없었다.

내 남편은 지방 근무지로 가고 현이 아버지도 지방으로 갔다고 하여 현이네 집을 방문하였다. 현이 어머니는 단칸방에 살았는데, 현이 어머니 침대 옆에는 큰 물통이 두 개가 놓여 있었다. 아들이 떠다 놓은 물로 빨래도 하고 음식도 만들었다.

나는 현이 어머니 이야기를 속회(屬會)에서 이야기하였다. 그 당시 인도자 분이 주일 학교 교사여서 아이들을 데리고 현이네 집을 방문하였다. 그 부인은 자기 아들을 기른 후 처음 아이들을 만난다고 하였다. 장애인이라고 아무도 아이들을 데리고 가지 않았기 때문이었다.

현이가 자라서 고등학교에 가고 현이네가 아파트에 세 들어 살 때의 일이다. 겨울이었는데 문을 열고 들어갔더니 이불을 쓰고 있다가 반가워하며 부엌에 가봐 달라고 하였다. 부엌에는 연탄불이 꺼져 있었고 아들이 종이를 태우며 불을 피우려 한 흔적이 있었다. 나는 번개탄 두 개를 한꺼번에 넣고 불을 피웠다.

집으로 돌아와 현이 어머니를 위하여 많은 생각을 하게 되었다. 현이 어머니 영혼을 위하여 내가 다니는 교회에 등록하자고 하였다. 그러나 현이 어머니는 성당에 다니고 싶다고 하였다. 마침 그 아파트 반장님이 천주교인이라 그분께 부탁하였다. 천주교에서는 방문하여 교리도 가르쳐주고 영세도 받게 하였다.

현이 어머니는 뜨개질을 잘하였다. 수출품 뜨개질로 받은 돈을 생활비에 보탰다. 여름밤에는 모기 때문에 TV불빛으로 뜨기도 하였다. 아들이 공부하느라 목이 아프다고 하여 꿀이나 인삼, 대추를 달여 먹이면 좋다고 하였더니 사다달라고 하였다. 현이 어머니는 자식을 위하여 정상인도 해내기 힘든 일도 하고 있었다. 현이는 잘 자라서 서울 K대에 가게 되었다. 장애인이라 셋방도 구하기 어려워 전세금을 보태어 아파트 1층을 샀다. 아들이 서울로 간 후 현이 어머니는 매트리스만 깔고 혼자서 생활할 수 있었다. 현이가 졸업을 하고 좋은 직장도 잡고 결혼하여 손자도 안겨 드렸다. 현이 어머니는 남편 대신 연금을 받게 되었다.

지난봄 현이 어머니에게 갔다. 공작선인장이 한 아름 피어 있었다. 어떻게 추위에 보호하였느냐고 하였더니 화분을 거실 가까이 다가두고 거실 문을 조금 열어 두었다고 했다. 정상인보다 더 아름다운 꽃을 피우며 살고 있다.

3. 박 권사님

내가 다니는 교회의 박 권사님은 70이 넘으신 분으로 자식들이 보내주는 돈으로 생활하시면서 사회봉사도 참여하신다. 내가 그분과 함께한 세월은 20년이 된다. 봉사를 함께하면서 가까워졌는데 지금도 변함없이 여러 곳에 참여한다.

권사님은 시어머니 중풍 수발도 잘하고, 시어머님을 전도하여 믿음 생활도 하시다 천국가게 하였다. 그분의 아들이 명동성당에서 학생운동 하다가 잡혀간 후, 감옥에 있을 때 환경보호에 관한 책을 넣어 공부하게 하여 출감 후 우리나라를 대표하는 환경운동가로 세웠다. 그분은 새벽마다 기도하시며 가족뿐 아니라 다른 분들을 위하여 중보 기도하신다. 명절 때면 고마웠던 분들께 잊지 않고 선물하신다.

권사님 남편은 집안 청소도 맡아하시고, 권사님 먼 곳 외출시에는 저녁준비도 해주신다고 하였다. 부인이 먼저 가면 혼자 남겨질 두려움 때문이라고 하신다.

지난 봄 권사님 남편 84회 생신 기념으로 한국일보 갤러리에서 서화전이 열렸다. 유명한 탤런트 사회로 많은 사람들이 축하해주셨다.

나는 이분들을 만나면서 나누며 사는 기쁨과, 인내하며 기도로 사는 모습을 배우게 되었다.

삼인행(三人行)에 필유아사언(必有我師焉)이란 공자의 말씀을 새삼 귀하게 되새긴다.

서해 갑문체험

7월 25일 ITX청춘열차로 춘천에서 7시 10분에 출발하여 9시 30분에 인천역에 도착했다. 열차는 8량으로 청량리역까지 몇 번 쉬면서 승객을 태우고, 인천까지 쉬지 않고 갔다.

칠월 초 춘천역에는 정서진 관광 안내 현수막이 걸렸다. 남편에게 갈 수 있느냐고 물었더니 가겠다고 하였다. 우리가 탄 차는 6호였는데 어린이부터 주부들 40여 명이 되었다. 청량리에서 빈자리에 여든이 넘어 보이는 할머니 세 분이 타셨다. 할머니들은 준비해온 옥수수, 빵, 과자 등을 나누며 즐거워하셨다. 앞자리에는 한 회사에서 10명의 주부가 탔는데 준비도 잘해오고, 떠들어도 신경 쓰지 않았다. 관광열차라서 그런가 보다.

인천에 도착하여 관광버스 8대에, 타고 온 열차 순서대로 나누어탔다. 처음 간 곳은 한국 이민사 박물관이었다. 우리나라사람이 세계 여러 나라에서 국가를 빛내주어 감사했다. 점심은 자유중식으로 종합어시장에서 회를 떠서 식당에서 먹었다. 혼자서 소주 한 병을 드시던 할머니가 남았다며 주시는데 우리는 못 먹는다며 옆자리 청년들에게 넘겼다.

오후 1시 30분 아라 인천여객터미널에서 유람선을 탔다. 아라뱃길 개통식은 지난해 5월에 했다. 탑승객은 철도관광으로 336명 한강유치원 어린이들이 250명 정도였다.

유람선은 3층까지인데 2층은 학생들이 탄다고 3층과 1층에 타라고 하였다. 1층 창가에 자리했는데 시원하고 좋았다. 선상공연은 외국 가수와 외국 무용수가 열심히 공연하였는데 항아리 돌리기, 가면공연 등을 보고 모두가 즐거워하였다. 3층에서 갈매기들에게 과자를 던져주니 갈매기들은 계속 따라왔다.

공연이 끝나고, 무용수와 관광객이 함께 무대에서 춤추며 뛰고 온 후, 우리 차에 탔던 주부들의 팀장은 아이스크림을 사다 팀원들에게 주었다. 팀원을 챙기는 모습이 좋아 보였다.

갑문은 바다 안쪽과 바깥쪽을 구분해주는 내측갑문과 외측관문 2개로 구성된다. 서해에서 배가 아라 인천터미널로 들어오려면 바깥 쪽 갑문에서 신호를 기다린다. 다음 바깥쪽과 안쪽 사이의 수위가 같아지면 바깥쪽 갑문이 열리는데 이때 배가 들어오면 된다. 배는 들어와서 다음 신호를 기다리며 안쪽 갑문과 바깥쪽 갑문에서 사이에서 잠시 대기한다. 이후 아라뱃길과 배가 위치한 갑문쪽 수위가 같아지면 안쪽 갑문이 열린다. 그러면 신호를 받아 배는 안전하게 아라뱃길로 들어올 수 있다.

인천항갑문은 1960년 후반 갑문확장공사로 5만톤급까지 대형 선박들을 수용할 수 있게 되었다. 인천항은 10m 가까운 조수 간만의 차이로 안전하게 짐을 싣고 내리는 역할 갑문식 도크로 동양 최대 규모로 세계 세 번째이다. 갑문은 두 개의 수로로 하나는 작은 배 1만 톤급, 다른 하나는 5만 톤급으로 하루에 처리할 수 있는 선박 수는 50척 정도이며 5만 톤급은 한 시간이 걸린다. 물을 5m 올린다고 하여 배 안에서 기다렸는데 서서히 물이 올라와 갑문이 열렸다.

정서진 아라타워 23층에서 망원경으로 주변을 둘러보았다.

해가 질 때면 노을이 아름답다고 했다. 우리네도 아름다워야 하는데….

정서진의 노을은 보지 못하였지만 서해갑문 나들이, 남편과 같이한 의미 있는 하루였다.

흰 저고리 초록 치마

3월 16일 용산역에서 KTX를 탔다. 창밖으로 너른 평야가 보이고, 남쪽으로 내려 갈수록 보리밭 색깔이 짙어 보인다. 앞좌석에는 주부들이 김밥을 나누며 이야기꽃을 피우며 즐겁게 동행한다.

내가 가게 된 동기는 어느 날 TV를 보던 중 KBS아침마당 프로에 매실농장 주인인 홍쌍리 여사가 나와서 매실농장 이야기를 하는데, 시인이기도 한 그는 매실꽃나무 밑에 보리를 심어 흰 꽃과 초록치마가 잘 어울린다고 하였다. 나는 꼭 보러 가야겠다고 생각했다.

마침 매화축제가 열리는 시기에 갔는데 남편이 동행해주었다. 3시간 만에 광주역에서 내려 매화마을로 가는 길을 물으니 고속버스터미널로 가라고 하여 거기서 매화마을로 가는 버스를 탔다. 차창 밖으로는 나뭇가지에 물이 오르고 밭에는 마늘이 푸르게 자라있었다.

광양에서 매화마을 가는 도로 옆에는 청매화와 홍매화가 활짝 피어 가는 길을 기쁘게 했다. 2시간 후에 매화 축제장 가까이 이르니 차가 밀려 기다리다 들어갈 수 있었는데 예상대로 축제장에는 전국에서 모인 관광버스로 복잡했다.

모두들 언덕길을 오르는데 과수원에는 매실나무마다 활짝 꽃피우고 밑에는 보리가 자라고 있어 홍 여사의 말대로 흰 저고리에 초록 치마를 입은 듯했다. 경사진 산자락에서도 모진 추위를 이기고 바위 틈새로도 잘 자라 꽃피어 준 매실나무가 장하게 보였다.

한참을 매화꽃에 취해 오르다 보니 홍 여사의 집에 이르렀다. 주위에 매실 상품인 한과며, 장아찌, 매실원액, 된장 등 여러 가지 제품을 팔고 있었다. 매실 하나로 여러 가지 제품을 만들 수 있는데 고맙고 놀라웠다. 내려오는 길에는 이웃에서 농산물을 가져와 팔고 있었는데 나는 청 매실묘목 두 그루를 샀다. 나도 묘목을 잘 가꾸어 홍 여사처럼 좋은 제품을 만들어 나누고 싶다.

행사장에는 분재 화초들도 나와 있고, 무대에서는 밴드부들이 연주하였다. 행사장을 돌아보며 그날은 바람이 많이 불고 추웠는데 날씨가 좋아져서 축제행사를 잘 끝내기를 기원했다.

홍 여사의 매실농장을 돌아보며 한 여성의 꿈이 이루어져 많은 사람에게 행복을 주고, 건강한 삶을 살 수 있도록 도와주니 감사하다. 다시 가보고 싶은 곳이다.

3.

그 여름밤에

성경 읽기

내가 처음 성경을 읽은 것은 신약 베드로전서이다. 신약만 몇 년 읽으니 구약도 궁금하여 목록을 보고 골라 읽기로 했다. 구약에서 처음 읽은 것은 에스더서였다. 에스더는 왕후로 간택되어 나라와 민족을 구하는 내용인데 재미있어 여러 번 읽게 되었다.

그 후로 시편, 잠언 쉬운 것만 읽었다. 창세기부터 읽기 시작한 것은 한참 뒤였다. 그런데 놀라운 내용이 많았다. 생각 밖의 일들이 기록되어 있었다. 성경을 통독하고 나니 실제 생활에서 아니라고 생각하던 것들을 이해하게 되고, 모든 사람들의 다르게 사는 모습을 이해하게 되었다.

창세기에 요셉의 이야기가 있다. 노예로 팔려간 요셉이 성공하여 기근이 심하여 양식을 얻으러온 형들에게 '당신들이 나를 이곳에 팔았으므로 근심하지 마소서 한탄하지 마소서 하나님이 생명을 구원하시려고 나를 당신들 앞서 보내셨나이다.' 라고 말한다. 원망하지 않고 형제들을 대하는 모습에 머리 숙인다.

사사기에 보면 입다가 '여호와께 서원하여 가로되 주께서 과연 암몬자손을 내 손에 붙이시면 내가 암몬 자손에게서 평안히 돌아올 때에 누구든지 내 집 문에서 나와서 나를 영접하는 그는 여호와께 돌릴 것이며 내가 그를 번제로 드리겠나이다.(사사기 11: 30~31)' 하였다.

입다는 전쟁에서 이기고 돌아갈 때에 그 딸이 소고를 잡고 춤추며 나와서 영접하니 이는 그의 무남독녀였다. 이미 여호와를 향하여 입을 열었으니 돌이킬 수 없는 일이었다. 그런 아버지의 고뇌를 알아차린 딸은 아버지 말씀대로 행하라고 하며 두 달만 시간을 달라고 한다. 그녀는 동무들과 함께 산 위에서 처녀로 죽음을 애곡하고 돌아와 아버지의 서원대로 죽게 된다.

이스라엘 여자들이 해마다 가서 길르앗사람 입다의 딸을 위하여 나흘씩 애곡하더라. 이 말씀을 보며 함부로 서원하지 말아야 된다고 생각했다.

이사야서에 보면 '나의 기뻐하는 금식은 흉악의 결박을 풀어주며 멍에의 줄을 끌러주며 압제 당하는 자를 자유케 하며 모든 멍에를 꺾는 것이 아니겠느냐.(이사야 58: 6)'라고 기록되어있다.

금식에 대하여 다시 생각하게 된다. 때로는 짐을 벗어 버리고 싶을 때도 있지만 '아무든지 나를 따라오려거든 자기를 부인하고 자기 십자가를 지고 나를 좇을 것이니라.(마태 16: 24)'는 말씀에 마음을 다스린다.

사사기에 보면 '하루는 나무들이 나가서 기름을 부어 왕을 삼으려 하여 감람나무에게 이르되 너는 우리 왕이 되라하매 감람나무가 그들에게 이르되 나의 기름은 하나님과 사람을 영화롭게 하나니 네가 어찌 그것을 버리고 가서 나무들 위에 요동하리요 하는지라.(사사기 9: 8~9)' 나는 나무들에게서 겸손을 배운다.

내 생활에 매일매일 떠오르는 '진실로 너희에게 이르노니 무엇이든지 너희가 땅에서 매면 하늘에서도 매일 것이요 무엇이든지 땅에서 풀면 하늘에서도 풀리리라.(마태 18: 18)'는 말씀이다. 해가 지도록 분을 품지 말라는 말씀에 하루를 마감할 때에는 마음을 정리한다.

성경을 밥 먹듯 읽어야 된다는 말에 공감하며 오늘도 성경을 편다.

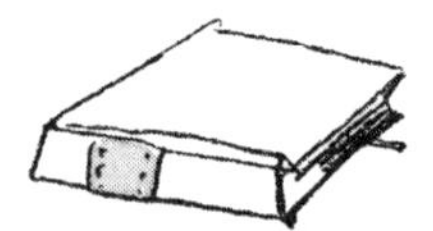

시골버스

장마가 지나가고 햇볕이 반가운 아침이다. 시골집에 가기 위해 버스정류장에서 기다린다. 휴일이면 등산객이 많아 일찍 나서야 된다. 강촌을 지나 황골 유원지 부근에는 강물이 넘친 흔적이 있으나 벼들은 피해를 입지 않았다. 다행이다.

시골버스를 타면 계절마다 변하는 모습이 정겹다. 봄이면 연둣빛 새순이 돋고 진달래와 산수유가 피어난다. 여름이면 아까시꽃과 밤꽃이 피고, 가을바람이 불면 밤송이가 벌어지고 산허리에는 메밀꽃도 핀다. 가을이면 벼, 조, 수수 등 이삭마다 여물어 고개를 숙인다. 자연을 보며 최선을 다한 자의 겸손을 배운다.

여름철에는 낮에 일하기 힘들어 아침저녁 일하고, 시골집에서 자고 나올 때가 있다. 버스에는 시장에 내다 팔 물건들로 차 안이 복잡하다. 짐이 많은 분을 위하여 내리기 쉬운 자리를 내어주기도 하고, 아기를 내 손주인 양 받아주기도 한다. 버스 기사는 짐을 많이 가지고 타는 승객을 위하여 버스 큰 문을 열어주기도 하고, 운전석 뒷자리에서 조는 분에게 여관비를 따로 받겠다고 농담도 한다. 이렇듯 시골버스에는 인정과 여유와 따뜻하게 헤아리는 마음이 있다.

버스는 하루에 여덟 번 다닌다. 두 번째 버스를 타게 되면 버들마을에 들른다. 이 마을은 언덕진 곳에 있으며 주로 밭농사를 한다. 예전에는 비만 오면 차가 빠지고 덜컹거렸지만 지금은 포장하여 미끄러지듯 달린다. 승객이 있을 때도 있지만 그냥 올 때도 있다.

나는 차를 타면 뒷자리에 앉는다. 시골에는 연세 드신 분들이 많아서 뒤에 앉아야 편하다. '잔칫집에 가서는 말석에 앉으라'시던 성경 말씀(누가 14장 9절)을 실감한다. 버스 안에서는 어느 댁은 손자를 보고, 어느 댁은 입원을 하고 서로의 안부를 주고받는다. 한 아주머니는 예전에 도토리 주워서 동생들을 가르쳤다고 했다. 예전 시골에서는 아들은 가르치고 딸들은 일만 하다 결혼시켰다. 그래서인지 농번기에는 부모님 생각하고 일손 도우러 오고, 경조사에는 서로가 연락하여 참여한다. 이렇듯 시골버스는 자식 사랑과 부모 사랑을 함께 싣고 달리기도 한다.

한 아주머니는 여러 명의 자녀를 두었는데 공무원, 교사, 간호사로 일한다고 했다. 그분 남편은 일흔이 넘었는데도 원예작물과 논농사도 많이 지으신다고 했다. 오이, 가지, 호박 등을 심어 가락동 시장에 보내고 등외품은 직접 내다 판다고 했다. 나는 그 부인을 보며 예전 어머니 생각을 하게 되었다. 부모님은 산을 개간하여 과수원을 일구고 여름에는 복숭아, 사과 등을 팔고 가을이면 사과를 왕겨 속에 저장한다. 봄이면 사과를 물수건으로 닦아서 30리 길을 머리에 이고 내다 팔았다. 부모님 덕으로 6·25 후 따뜻한 스웨터도 입을 수 있었고, 보릿고개도 모르고 살았다.

시골집은 예전에는 아침에 떠나면 저녁에나 들어가던 곳이지만, 지금은 눈이 많이 내리는 날이면 고개가 미끄러워 아침 일찍이는 갈 수 없어도 버스는 잘 다니는 편이다. 주말이면 경춘선으로 대학생, 젊은 직장인, 기차를 이용하여 산나물,

약초 등을 캐러오는 사람이 많아서 차가 밀리고 복잡하다.

나는 연로하신 시어머니 뵈러갈 때와 농번기에는 농사일로 자주 이용한다. 머리가 하얗게 된 기사님은 승객마다 어서 오시라고 인사한다. 버스를 이용하면 쉬고 싶으면 쉴 수도 있고, 이웃의 이야기도 듣게 된다. 손님이 적은 시골길을 달릴 때에는 기사님은 듣고 싶은 음악을 튼다. 싱싱한 농산물도 나르고 모든 사람들의 발이 되어주는 시골버스에 감사한다.

쑥 이야기

사월이 기다려진다. 진달래와 목련, 라일락도 좋지만 내게는 쑥이 돋아나기에 더 기다려진다. 이른 봄, 봄을 알리는 풀로는 쑥이 제일 먼저다.

쑥은 국화과의 다년초로 들에 절로 나며 줄기가 60~120, 잎은 뒷면에 젖빛 솜털이 있고 향기가 난다. 7~9월에 담홍, 자색 꽃이 피고 비타민과 칼슘이 많으며 다 자란 잎은 배앓이나 토사에 쓰인다고 한다. 인진쑥(사철쑥)은 황달을 다스리거나 이뇨에 쓰이고 약쑥은 뜸, 찜질, 목욕물에도 두루 쓰인다.

봄이 오면 쑥을 뜯으러 간다. 양지바른 산소 부근에는 솜털에 싸인 자줏빛 할미꽃이 피어나고, 연못 둑에는 머위도 돋아난다. 쑥은 강가 모래밭이나 비탈진 곳이나 어디든 토양을 가리지 않고 돋아난다. 신이 인간을 위해 만든 풀 같다.

어린놈은 쑥국도 끓이고 쑥 버무리도 하고, 살짝 쪄서 쑥차도 만든다. 예전에는 가난 때문에 쑥을 많이 먹었는데 몸이 붓지 않아서 어느 나물보다 좋았다고 한다. 4월말이면 쑥이 많이 자라 쉽게 벨 수 있다. 모낼 때면 논둑에 농약을 치기 때문에 모내기 전 서둘러 쑥을 베고, 단오절 무렵이면 약쑥을 베어 엮어 그늘에 말린다.

시아버님 계실 때의 일이다. 큰 보자기를 펴고 마당에서 쑥을 다듬으면 아버님께서는 몸이 불편하여 내려오실 수 없어 마루에 가져오라고 손짓하셨다. 보자기를 펴고 쑥을 갖다드리면 쑥을 만지며 좋아하셨다.

어머니와 이웃 아주머니도 함께 쑥을 다듬으며 옛날 시할머니 무서웠던 시집살이 이야기도 하신다. 밤새 다듬이질하여 옷을 만들어 드리면 어디가 잘못 되었다는 말도 없이 물에 담그셨다고 한다. 어머니께서는 젊었을 때, 아버님이 마차에 다쳐서 바깥출입을 못하여 업고 보리가 피어나는 밭을 구경시켰다고 하셨다. 아버님께서는 쑥 절편을 하여 냉동실에 보관

하였다가 녹여 드리면 잘 드셨다. 아버님이 가신 다음 해에는 쑥떡 하기도 죄송했다.

어릴 적에는 어머니께서 쑥에 감자가루를 버무려 쪄주셨다. 그 맛에 익숙해서인지 봄만 되면 쑥을 탐낸다. 초등학교 다닐 때엔 어머니께서 발등(엄지와 검지 사이)에 쑥뜸을 떠주셨다. 여름날 저녁이면 마당에 멍석을 깔고 식사를 했다. 화로에 약쑥을 피우면 모기가 도망가고 저녁 이슬에 촉촉해진 옷을 다림질하기도 했다. 언니가 내일아침 준비로 감자를 벗기면 그 옆에서 동생과 나는 유성이 흐르는 하늘에 총총히 떠오른 별을 헤며 여름밤을 보냈다.

몇 년 전 고추를 500포기 정도 심었는데 장마로 인해 고추가 터진 것이 많았다. 그걸 씻어 소쿠리에 건져서 오랜 시간 쪼개 발에 널었다. 그런데 손이 매워 아무것도 할 수 없었다. 버스를 타러 나와 기다리며 무심코 길가에 쑥을 꺾어 손에 감았다. 차를 타고 한 시간쯤 오는 동안 차차 손이 회복되었다. 쓰라리던 손도 가라앉게 하던 고마운 쑥이다.

약효뿐인가 쑥은 나에게 봄을 즐기게 한다. 입맛이 없을 때 쑥버무리 한 접시면 대만족이다. 추석이 돌아오면 냉동 쑥을 녹여 송편 반죽을 한다. 아이들과 함께 부담 없이 빚을 수 있다. 송편 찔 때면 재래식 아궁이에 불을 때고, 큰 양은솥에 솔잎을 깔고 송편을 찌면 솔 향과 쑥 향이 어우러져 송편 맛을 더한다. 어린 조카들은 문지방을 넘나들며 송편 맛에 싱글벙글 좋아한다.

쑥은 농약을 쳐도 뿌리가 그대로 살아있다. 다음 해에는 더 탐스럽게 돋아난다.

예전에는 우리의 가난을 이기게 한 쑥, 지금도 우리 생활에 여러모로 도움을 준다. 그래서 나는 봄을 기다린다. 쑥을 기다린다.

아기 기르기

오후 1시 30분 어린이집 차가 도착하면 서로가 인사한다.

"선생님, 안녕…."

집에 올라와 가방을 열어보고 아기 수첩에 적힌 통신란을 본다. 낮잠을 잤으면 밥과 과일을 챙겨주고, 낮잠을 못 잤으면 가벼운 음식을 먹이고 재운다.

내가 아이를 기르게 된 것은 외손자가 태어나면서부터이다. 딸애가 늦게 결혼하여 걱정하였는데 큰 선물을 받게 되어 하나님께 감사드렸다. 아기는 태열이 있어 얼굴에 동전만한 붉은색이 있었는데 자라면서 없어졌다. 첫돌이 지나 저녁에 재울 때는 흥부와 놀부, 토끼와 거북이, 요셉 이야기 등을 들려주면 잠이 들었다. 아이 할아버지는 집안일도 도와주고 아기가 걷게 되어 함께 지하상가에 다녀오는 날이면 기쁨이 가득하였다. 큰손자는 힘든 줄 모르고 잘 길렀다. 두 돌이 지나고 작은손자가 태어났다. 이때부터 나는 어깨가 아파서 병원 출입을 하게 되고 힘들게 키웠다. 아이가 감기 들어 열이 심할 때는 할아버지와 교대로 업어주며 잠들게 하였다.

나는 남매를 길렀다. 큰아이 때에는 남편직장 따라 시골에서 살았다. 그때 살던 집 앞에는 공동우물이 있었는데 우물이 깊어 한참이나 두레박을 내려 물을 길어 올렸다. 잘못하여 아기를 우물에 빠트릴까 염려되어 백일 무렵의 아기를 앉혀놓고 큰 솜이불로 둘러주고 빨래를 하였다. 아기 울음소리가 처음에는 크게 들렸는데 점점 가늘게 들려 방에 들어가 보니 솜이불 속에서 땀을 흘리며 울고 있었다. 철없는 엄마의 실수로 아기는 위험에 빠질 뻔하였다.

둘째로 딸아이를 기를 때에는 펌프물을 썼는데 한결 수월하였다. 지금은 기저귀도 빨지 않아도 되고 시설이 좋아져서 훨씬 수월한데도 내 아이 기를 때보다 힘든 것은 체력이 문제인 것 같다.

둘째 손자가 첫돌이 지나고 잘 걸어 다니게 되어 화요일마다 교회 영아부 예배에 가게 되었다. 예배 참석 대상은 유치원 가기 전 아이들과 임산부들이었다. 보호자인 어머니와 할머니, 봉사자 등 100여 명이 넘게 모였다. 선생님이 앞에서 율동하면 아기도 엄마도 할머니도 모두 따라한다.

울며는 울며는 지혜가 없어져요
울며는 울며는 지혜가 없어져요
예쁜 말 고운 말로 의논 하세요
착하고 아름다운 지혜 있어요

불평하는 엄마는 지혜가 없어져요
불평하는 엄마는 지혜가 없어져요
범사에 감사하면 지혜가 있어요
어질고 아름답게 감사 하세요

말을 잘하는 아기들은 노래도 잘 따라하고 노래는 못해도 손뼉 치며 엉덩이만 움직이는 아기도 있다. 설교는 사모님이 하시는데 아기 기르는데 바르게 자랄 수 있도록 도움을 주신다.

예배가 끝나면 생일 맞은 친구를 축하하고 새로 나온 친구도 환영한다. 또래끼리 간식도 나누고 안부도 묻는다. 작은손자는 예배에 다녀오면 영아부 찬송 테이프를 들으며 잠도 잘 잔다. 나도 힘들어도 짜증내지 말아야겠다고 다짐하게 되었다.

요즈음은 교육 방송에서 만든 비디오테이프를 본다. 즐겨보는 것은 '방귀대장 뿡뿡이'와 '바나나를 탄 끼끼'이다. 이 테이프를 보면서 바나나를 사달라고 하여 바나나를 사주면 손에 들고 뛰어 놀아서 바나나가 터져 손에 묻는다. 아이 할아버지는 시골에 매일 다니는데 잣나무로 바나나를 깎아왔다. 노란 크레파스로 색칠하고 불에 구워 근사하게 만들었다. 손자는 나무로 만든 바나나를 들고 원숭이 끼끼가 하는 대로 팔을 머리 위로 둥글게 올리며 주문을 외우며 뛰고 논다. 꽉 쥐고 놀아도 터지지 않아서 좋다.

남들은 외손자를 왜 기르느냐며 소용없다고 한다. 그러나 생각하기 나름이다. 아기는 우리들의 희망인데 누가 기른들 어떠냐고 생각한다. 큰손자는 엄마에게 갔고 둘째도 머지않아 갈 것이다.

더 좋은 환경에서 잘 자랄 수 있도록 기원한다.

저고리

옷감을 정리하다가 아버님 저고릿감을 본다. 시아버님은 한복을 즐겨 입으셨다. 봄, 가을에는 겹저고리를 입으셨고 겨울에는 따뜻한 누비 안감을 넣고 만든 저고리를 입으셨다. 요즈음은 옷감이 다양하여 면, 실크, 양단, 모시 등 용도에 따라 선택할 수 있다. 저고리의 종류로는 보통저고리, 회장저고리, 색동저고리 등이 있으며 만드는 방법에 따라 솜저고리, 겹저고리, 박이겹저고리, 깨끼겹저고리, 적삼 등이 있다. 남자저고리는 모든 옷의 기준이 된다. 마고자 품은 저고리보다 두 푼 크게 하고 길이는 한 치 길게 한다. 적삼은 저고리 품과 같게 하고 길이는 마고자 길이로 한다.

어릴 적에는 어머니께서 옷감과 이불 홑청으로 쓰기 위하여 광목 필을 사다가 나누어 올이 풀릴까 염려하여 감침질을 하여 잿물로 삶아 햇볕에 바래어 사용하였다. 어머니는 농사일에 분주하여 살림은 언니 몫이었다. 제방 둑만 넘으면 하천이 있었기에 언니 따라 물을 건너 자갈이 많은 곳에 광목을 적셔 널었다. 바람에 날릴까 염려하여 군데군데 돌을 놓았다. 하천에는 쑥 무더기, 할미꽃, 찔레도 있었다. 찔레꽃이 하얗게 피고 넝쿨에는 찔레순이 올라와 있어 가시에 찔릴까 조심조심 찔레순을 꺾어 아삭아삭 연한 맛을 즐겼다.

나와 동생은 명절이면 설빔으로 새옷을 입을 수 있어 명절을 손꼽아 기다렸다. 명주로 물들인 진달래색 치마에 노랑 저고리를 입고 부모님께 세배 드리면 세뱃돈을 주셨다. 아버지께선 농사일을 하셨는데 겨울에는 목화솜을 두고 저고리를 해 드렸다. 빨래를 할 때는 불을 때고 화로에 담아서 음식도 만들고 불기가 없어지면 시루에 담아 잿물을 내린다. 이 물로 애벌빨래도 하고 삶은 빨래도 하여 비누를 아꼈다. 고운 옷에 풀을 먹일 때에는 쌀을 불려 맷돌에 갈아서 앙금을 보자기에 수저로 떠놓아 말려서 두고 썼다. 풀을 먹인 옷감은 바람에 떨어질까 봐 때를 맞추어 걷어 다듬이질을 하였다.

내가 정식으로 저고리를 만든 것은 아이들 교육이 끝나고 시아버님 옷이라도 제대로 해드리려고 여성회관에 나가 한복 바느질을 배운 후부터다. 배우고 나니 일감이 많았다. 10년 전만 하여도 회갑이나 칠순 때에는 보통 6벌 정도 맞추었다. 저고리는 등솔을 박고, 어깨선을 겉섶, 안섶을 박은 후 깃을 단다. 깃은 함석으로 만든 깃본을 사용하여 다림질하면 예쁘게 된다. 도련이며 배래도 본을 대고 연필로 그려서 박으면 쉽게 박을 수 있다.

시아버님은 노환으로 옷고름 매는 것을 힘들어 하셨다. 나는 하늘색 옷감으로 옷고름 없이 편하게 입을 수 있는 저고리를 만들어 드리려고 하였는데 못해드렸다. 이 옷감은 한복을 잘 만들어 꼭 필요한 분께 선물하려고 한다.

양지 노인마을

10월 6일 맑은 날씨다. 목사님과 여선교회원 9명은 B권사님이 준비한 떡과 음료수를 가지고 양지 노인마을을 가게 되었다. 시내를 벗어나니 들판은 가을이 한창이다.

이곳은 춘천시 신북읍 지내리에 있는 사회복지법인 계명복지재단 소속으로 노인전문 장기요양기관이다. 마을 주위에는 코스모스가 바람에 흔들린다. 건물 안으로 들어가니 슬리퍼를 내주며 직원들이 반겨준다.

회의실에서 차와 다과를 들며 원장님의 시설과 거주하시는 분들에 대한 설명을 들었다. 지금 거주하시는 분은 90명이라고 하며 일반인은 장기요양급여의 20% 자부담이고 수급권자는 무료라고 했다. 1등급인 경우 자부담 293,400원과 식대 180,000원과 합하여 473,400원이라고 했다.

예배와 원장님 설명이 끝난 다음 시설을 둘러보았다. 여직원이 먼저 손을 소독해주었다. 3층에는 몸이 불편한 사람이 있고, 2층에는 치매 환자들이 있었는데 전기장판에 모여앉아 이야기를 나누고 있었다. 물리치료실도 보고 목욕시설도 보았다. 물리치료실은 부근에 사는 일반인들도 이용한다고 했다.

나는 결혼 전에 어머니를 간호했다. 간경화로 몸이 늘 부어 있었다. 봄부터 일어나지 못하여, 시골 의원에서 늘 조수가 와서 주사를 놓아주었는데 가을에 소천하셨다. 가시기 전에 정신이 맑아서 임신한 언니를 제하고 모두 부르셨다. 예전에는 보온병도 없어 따뜻한 물도 제때에 드리지 못하였다.

결혼 후에는 시아버님이 치매로 몇 년 고생하셨는데, 시어머니와 남편은 수발드느라 고생했다.

지금은 좋은 시설도 많이 생겨서 환자가 좋은 환경에서 지낼 수 있다. 바라기는 고통을 줄이며 살다갈 수 있기를 소망할 뿐이다.

이곳을 돌아보며 젊은 원장님이 힘든 일을 감당하는데 고마움을 느꼈다. 직원들의 보살핌으로 편안한 가을을 보낼 수 있기를 기대해본다.

여름밤에 만난 천사

팔월 첫 주 저녁 예배, 이지선 자매 초청 간증 집회가 있는 날이다. 지선양은 CBS TV를 통하여 알고 있었다. 방학이라 아이들도 함께 참석하고, 외부에서도 참석하여 2천 석 좌석이 꽉 찼다.

지선양은 어머니와 함께 왔고, 조용조용 이야기했다. 이대 유아교육과 4학년 때(2000. 7 30) 도서관에서 공부를 마치고 오빠와 함께 승용차로 귀가하던 길에 교통사고를 당해 3도 전신 화상을 입었다. 지선이 어머니는 '에스겔 골짜기의 마른 뼈에 살을 입히시고 가죽을 덮으시고 생기의 영을 불어넣으시는 하나님, 이 밥이 지선이의 살이 되게 하시고 피부가 되게 해주세요.' 하며 밥을 먹였다. 지선이는 어머니의 기도 때문에 열심히 먹었다. 그 후로 여러 차례 수술을 받았다.

지선이는 한국에서 치료 후 일본에서 잘 펴지지 않는 목과 손을 펴지게 하는 수술을 받았다. 많은 어려움 끝에 목을 들고 퇴원할 수 있었다. 처음 아이들이 괴물이라고 말했는데 일본에서 돌아온 뒤 아이들은 "이상한 사람이잖아" 하는데 '사람'이란 말에 감사했다고….

지선양은 "내 삶은 하나님의 기쁨이 되어야 한다. 하나님이 그렇게 만들어 주시는 것도 80퍼센트지만 20퍼센트는 내가 만들어 가야하는 부분이다. 고난도 축복이고, 힘겹고 괴로운 시간을 보내고 이기고 나면 주어지는 보물이 있다."고 말하는 지선양은 간증 도중 많은 박수를 받았다. 지선양은 사람들의 시선이 두려워 입원했을 때 밤에 걷기 운동을 했다고 한다. 장애인에게 선입관을 갖지 말고 그냥 보통 사람들과 같이 대하면 훨씬 자유로울 수 있다고 한다.

지선양의 주 바라기 홈페이지를 보신 분(클리블랜드 클리닉의 신경외과의사 이정훈 장로님)의 배려로 성형외과 진료를 받게 되었다. 클리블랜드 클리닉은 큰 병원이며 수술실이 80여 개나 되고 한 건물 전체를 차지하고 있다고 한다. 지선양은 12번째 수술을 마치고 자기를 사랑하며 짧아진 손가락을 펴며 "지선아 사랑해"라고 한다.

지선양은 가해자가 소주 5병이나 마시고 신호 대기 중이던 차를 받아 장애인이 되었지만 보험을 들어 놓아서 치료비를 걱정하지 않았다고 고마워하고 있다. 그를 저주하며 스스로를 더 괴롭히는 일을 하지 않도록 하나님께서 은혜를 주셨다고 한다.

지선양은 KBS(인간극장)에 출연하고, 여러 곳에 간증 집회도 다녔다. 2004년 시애틀에서 어학연수 후 보스턴대학교 대학원에 가게 되었다. 심리학을 공부하여 갑작스럽게 많은 것을 잃게 된 장애인들의 상실감과 우울함, 지워지지 않는 마음의 고통을 치료하는 상담센터를 만드는 꿈을 가지고 갔다. 꼭 원하는 대로 모든 사람에게 소망을 주는 사람이 되리라 믿는다.

지선이 앞에서 눈물 보이지 않고 강하게 간호해주신 어머니, 주위에서 모두가 합심하여 기도해 주신 분들의 기도가 있었기에 지선 양은 홀로서기 할 수 있었다고 한다.

지선양이 쓴 「지선아 사랑해」 「오늘도 행복합니다」는 슬픈 분들에게 용기를 주며 희망을 갖게 한다. 지선이는 갖고 싶은 것은 눈썹이며, 부러운 사람은 비빔밥을 쓱쓱 비벼 한 숟가락 크게 떠서 입 '이만큼' 벌리고 시원스레 한 입에 먹는 사람이라고 한다. 지금 저마다 바닥을 경험하고 있는 분들께, 끝장났다고 절망 속에 있는 분들께, 이제 당신께서는 올라갈 일만, 시작할 일만, 좋아질 일만 남았다고 그 꿈을 보게 하실 하나님이 계신다고 말하고 있다.

나는 지선 양의 간증을 들으며 왜 내게만 많은 일을 하게 하시느냐고 투정하던 때도 있었지만 건강 주신 하나님 앞에 감사하며 주어진 일을 잘해낼 것을 다짐하게 되었다.

열 매

1. 매실

이른 봄에 매실 꽃봉오리가 열리면 모두가 기뻐한다. 멀리 가지 않아도 꽃구경을 하니 더 좋아한다.

해마다 5월 말이나 6월초에는 매실을 사서 담근다. 매실나무를 심어 3년이 지나니 조금 달렸다. 4년이 지나니 제법 달려서 내년에는 사지 않아도 될 것 같다.

매실나무는 장미과에 속하는 낙엽교목으로 키는 5m 정도 자라며 줄기는 굵고 거칠며 검은색이나 어린가지는 초록색이다. 잎은 어긋나고 잎 가장자리에는 뾰족한 톱니들이 나있다.

잎의 뒷면잎맥에 털이 있다. 짧은 잎자루에는 부드러운 털이 있으며 턱잎이 있다. 꽃은 2~4월에 잎보다 먼저 흰색 또는 연분홍색으로 피는데 향기가 강하다. 매실은 핵과로 처음에는 초록색이었다가 7월이면 노란색이 되며 매우 시다. 매실로 술을 빚어 더위 먹었을 때 밥 먹기 전에 마시면 입맛이 돈다.

매실을 수확하면 설탕을 넣어 매실액도 만들고 도마에 방망이로 씨를 빼고 설탕에 재워두었다가 고추장을 버무려 장아찌도 만든다.

매실나무를 잘 가꾸어 모두가 좋아하는 식품을 만들고 싶다.

2. 모과

봄이면 복숭아꽃과 함께 울타리 밖에 있는 모과꽃도 피어난다. 모과꽃은 화려하지는 않아도 어울려 피면 고향의 봄을 노래하게 한다.

모과는 모양은 별로이지만 향이 좋아 모과차를 즐긴다. 모과나무는 장미과에 속하는 낙엽교목이며 중국원산으로 키가 10m까지 자란다. 수피는 밋밋하고 적갈색으로 윤기가 있으며 수피가 떨어져 나간 곳은 초록빛이 도는 갈색으로 얼룩진다. 잎은 어긋나며 가장자리에 뾰족하게 생긴 턱잎은 일찍 떨어진다. 연한 붉은 꽃이 한 송이씩 핀다. 열매인 모과는 9월에 노랗게 익는데 고구마처럼 생겼는데 단단하다. 술을 빚기도 하며 특히 기침의 약재로 유용하다. 차안이나 방에 바구니에 담아두면 향을 즐길 수 있다.

모과를 수확하여 형제들과 나누고, 이웃 아저씨 댁에도 드렸는데 아저씨 댁에서는 검정 쌀을 보내왔다.

모과의 씨를 빼고 잘게 썰어 설탕에 재운다. 차로 마시면 추위도 이기고 감기도 이긴다.

3. 감

지나는 거리마다 담장 안에서 붉게 익은 감이 탐스럽다. 고운 색 때문에 걸음을 멈추게 한다.

가을에는 팩에 든 연시를 사다 드리면 시어머니께선 반가워하셨다. 시어머니께서 가신 지 2년, 연시를 보면 시어머니 생각이 난다.

감나무는 낙엽교목으로 과실나무의 한가지로 5~6월에 황백색 꽃이 피고 열매는 10월에 익는다. 단감과 떫은 감의 구별이 있으며 껍질을 벗겨 곶감을 만들기도 하고 재목은 조각, 가구재로 쓰인다.

유년 시절의 부모님이 일군 과수원에는 여러 종류의 감이 있었다. 노란 감꽃이 피면 주워 목걸이를 만들어 놀았다. 껍질을 벗겨 싸리 꼬챙이에 꿰어 곶감도 만들고, 떫은 감은 항아리에 담고 따뜻한 소금물을 부어 삭히면 맛좋은 감이 되었다. 또 나무사과상자에 볏짚을 깔고 차곡차곡 담아 연시를 만들었다. 타작할 때면 일꾼들에게 막걸리와 함께 연시를 대접했다.

호랑이도 무서워했다는 곶감, 울던 아기도 그치게 하는 곶감, 이젠 기술도 좋아져 3일 만에 만들 수 있다고 하니 반가운 일이다.

시어머니께서는 연시를 좋아하시고 시아버님은 곶감을 좋아하셨다. 두 분 다 가시고 난 가을에도 감은 변함없이 맺혀 변함없이 익었다. 올 가을에는 유난히 감 풍년이다.

떠나신 두 분이 그립다.

옛집 찾아보다

말복이 지나니 한결 지내기 수월하다. 시내버스를 타고 옛날 살던 집을 찾아가보았다. 처음 장만한 그 집은 주위에 공터가 많았고 도로보다 낮아서 하수도 내기가 어려웠다. 그런데 지금 가서 보니 우리 살던 집과 옆에 새로 지었던 양옥 두 채가 헐려 그 자리에는 재래시장 주차장이 들어섰다. 시립여자기술학원이 헐리고 그 자리는 농협주차장이 되었다. 시장화장실도 있고 편리한 시장이 섰다. 몰라보게 변해있었다.

1979년 7월 새마을사업으로 우리 반(班) 주위에 하수도 공사를 하였는데, 시에서 60㎝관과 시멘트는 대주고 인건비는

반에서 부담하였다. 그때에는 월마다 반상회를 하였고 매달 반기금도 모았다. 시립여자기술학원 하수도가 도로를 지나 공터로 흘러갔다. 이참에 반상회에서 한 가정에서 1m씩 땅을 파기로 하고, 못하는 집에서는 2,000원씩 내기로 했다. 8월 비온 후라 땅파기가 수월했다. 오전에 네 몫을 하고 8,000원을 버는 분도 있었다. 그때 보리쌀 한 말에 2,500원이었는데….

예전에 살던 분을 만날 수 있을까 하여 살폈지만 만나지 못하였다. 처음 집장만하여 옆방을 세주고 정을 나누며 살던 곳이라 지금은 그 집에서 태어난 아기가 얼마나 장성하여 사회생활을 할까 궁금하기도 했다. 봄이면 목련이 피고, 라일락과 후박나무 향기, 6월에는 줄장미 향기 여러 향기를 맡으며 살던 집이기에 더욱 마음에 남아 가보고 싶었다.

아이들이 중·고등학교를 졸업하고, 친정조카 대학, 사동생 고등학교 모두 그 집에서였다. 연탄아궁이에 불 갈아 넣으려고 애쓰고, 먼 길도 걸어서 다니면서 어려운 시절을 보냈다. 그 집에서 세들어 살면서 대학을 다녔던 학생은 지금도 찾아온다.

나이 탓인가 나도 이제는 예전에 나에게 소중했던 기억을 찾아 나서고 싶다. 부산이 친정인 새댁은 새댁 몫으로 부쳐 오는 돈을 모아 시동생 학자금으로 썼다. 그 새댁은 금식기도 하며 신앙생활을 하였다. 그 새댁도 어디에 사는지, 만나고 싶다.

오랜만에 찾아본 옛날 살던 집, 세월이 가면 그도 인정처럼 그리워지는가 보다.

요가 배우기

3월 반상회보지 시민 정보 게시판에서 요가교실이 있다는 것을 보았다. 4월부터 3개월 동안 월, 수요일이었다. 나는 오십견을 앓고 난 후 팔이 불편하여 요가를 배우려고 하던 터라 서둘러 집에서 가까운 약사명동 사무실에 등록하였다.

첫 시간에 나갔더니 책상다리로 앉아서 손은 뒤로 깍지 끼고 천천히 숨을 마시면서 머리 숙여 내려가라고 했다. 요가는 인도 고유의 심신 단련법의 한 가지로 자세와 호흡을 가다듬어 정신을 통일 순화시키고, 초자연적인 힘을 얻으려는 수행법이라고 한다. 한 시간 가량 체위를 하고 40여 분 동안 호흡과 마무리 동작을 하였다. 일주일에 이틀씩 요가를 한 후로는, 한 주에 파스 한 통씩 붙이고 살았는데 파스를 붙이지 않아도 되었다. 계속해서 요가를 하려고 하였는데 여름에는 휴강이라고 했다.

6월 반상회보를 보고 근화동 사무실로 찾아갔다. 춘천역 부근이어서 걸어서 40분, 경춘선 복선공사로 기차가 다니지 않아서 철길 부근에는 채소들이 잘 자랐다. 옥수수는 수염이 나오고 강낭콩은 익어가고 머위도 실했다. 올 때는 여러 가지 화초가 있는 집에 들렀다. 선인장도 여러 종류이고 못 보던 화초들이 많았다. 겨울에 어떻게 보관하느냐고 물었더니 집도 커 보이지 않은데도 다 들여놓는다고 했다. 울타리도 없고 누구나 꽃구경을 할 수 있으니 고마운 분이다. 집에 오니 쉬었다 와서 50분이나 걸렸다. 더운 철에는 걸어다니기 힘들겠다고 생각했다.

7월 3일 먼저 배우던 요가 선생님한테서 전화가 왔다. 약사명동에서 다시 할 수 있으니 나오라고 했다. 접수하는데 직접 쓰라고 하지 않고 이름과 나이를 물었다. 호적에는 42년생으로 되어있어 마흔 다섯이라고 했다. 적던 분이 깜짝 놀라 "할머니가요?" 한다.

"아, 아니요. 육십…."

얼마 전부터 머리로 생각하는 것과 말이 일치하지 않는다. 비 오는 날 중앙시장까지 갔는데 가스불을 켜놓은 것 같아서 택시로 와보니 가스는 잠겨있었다. 다시 나가느라 그날은 늦었다. 요가를 열심히 배워 정신도 좋아졌으면 한다.

우리 반은 주부들이 많다. 모두가 목, 어깨, 허리 등 불편하였는데 요가 한 후로는 나아진다고 했다. 노력한 만큼 좋아지니 해볼 만하다. 앞 교실은 노래반이어서 우리는 운동을 하면서 덤으로 리듬을 익힌다. 동사무소에서 여러 가지 강좌가 있어 시간만 내면 배우고 싶은 것을 배울 수 있다.

무드라 호흡, 벤 체위, 활 체위, 등 펴기, 비틀기 등 열네 가지 정도 하는데 나는 물구나무서기 쟁기 체위 등 못 따라가는 동작이 있다. 꾸준히 하여서 따라할 수 있기를 기대해본다. 욕심일까….

무엇이든 건강해야 할 수 있다. 건강한 것은 나도 좋지만 아이들에게도 근심을 덜어주니 더 좋은 일이다.

우박 맞은 채소

망초꽃이 곳곳마다 피어나고, 채소 잎이 녹색을 띠고 반들반들 윤기가 난다. 날씨가 흐려지더니 천둥이 치고 벼락까지 쳐서 무서움에 떨게 한다.

우리는 고추 200포기 심고, 참깨, 감자, 마늘 등을 심었다. 우박이 내린 밭에는 고추도 부러지고 채소 잎마다 구멍이 나 있다. 그래도 한 주가 지나니 고추도 새순이 돋고 참깨도 살아난다. 뿌리를 든든히 박고 자라주니 고맙기만 하다. 감자와 마늘은 땅 속에 있으니 수확에는 별지장이 없을 것이다.

성경에는 모세가 바로에게 자기 백성을 보내달라고 하였으나 보내주지 않아 여호와께서(출애급 9: 22) 우박 재앙으로 짐승과 채소를 친 내용이 있다. 문득 나는 무엇을 잘못 하였나 돌아보게 된다.

우박 맞아 움푹 들어간 자리가 썩은 오이는 그래도 손질하여 양념하였더니 오이향이 난다. 오이순이 줄을 감고 잘 올라갈수 있도록 줄을 매어준다. 다행히 채소는 다시 싹이 나고 열매를 맺을 수 있으니 감사하다.

복숭아는 우박 맞아 떨어지기도 하고 일찍 익은 것은 그냥 두면 썩겠기에 주스를 만들었다

시내버스를 타고 오는 중에 콩 농사를 짓는 분을 만났다. 콩이 웃자라서 베어주려 하였는데, 우박으로 수고를 덜었다고 했다. 아주머니의 여유로운 말에 모두 웃었다.

살다보면 예기치 못한 일로 당황할 때도 있다. 하늘의 뜻을 헤아리며 살아야할지 생각하게 한다. 또다시 우박이 내리지 않기를 기원한다.

일감상자 정리하기

겨울도 지나고 남쪽에선 꽃소식도 전해온다. 늘 벼르던 바느질하다 쌓아둔 천들을 정리한다. 내게는 쓸모없지만 새로 바느질을 배우려는 분에게는 필요할 것 같아 천과 깨끼 실들을 골라 모은다.

처음 여성회관에서 한복을 배워 아버님 옷을 지어드렸더니 만족해하셨다. 솜씨가 괜찮았던지 잘 아는 한복집에서 일을 해보라고 권하여 남자한복을 가져다 집에서 일하게 되었다. 20년 동안 모아 둔 천이 여러 상자가 되었다. 조각천은 과감히 종량제 봉투에 넣고 쓸 만한 것만을 가린다.

한 상자를 열어보니 상보 만들 때 쓰던 재료들이다. 매듭을 접어 가장자리에 붙여서 만들던 것인데 손이 많이 가서 예쁘기는 하여도 수입은 별로였다. 이때에는 30분 거리는 걸어 다녔다. 한가할 때 만들어 보려던 것인데 이제는 버려야겠다.

또 한 상자를 열어본다. 모시만 들어있다. 무늬 있는 모시와 분홍, 흰색 등이 들어있다. 여러해 전 교회 건축을 위하여 헌금 작정을 하고 고민했다. 봄가을에는 결혼식 때문에 일감이 많으나 여름철엔 없어서이다. 모시 생각이 떠올라 동대문 시장에서 모시를 가져다 제품도 만들고 주문도 받으니 여름철에도 잘 감당할 수 있었다. 햇볕에 나가지 않아도 등줄기엔 땀이 흘렀지만 주문한 사람에게 잘 맞으면 더위도 잊었다. 바쁘게 지내다보니 계절도 빠르게 지나갔다. 이제는 몸이 따르지 않으니 일을 할 수 없다.

이제 정리하고 나니 마음이 가벼워진다. 버리지 않고 모아두었던 조각들은 이제 누군가의 손에 의해 방석도 되고, 보자기도 되고 이불도 될 것이다. 세상사 버리기만이 능사가 아니란 생각이 든다.

한 해를 보내며

계절이 바뀌고 겨울이 왔지만 보살펴주신 하나님 은혜로 따듯함을 느낍니다. 올해는 고통 속에서도 감사함을 느끼는 한 해였습니다.

3월 26일 마트에 갔다가 미끄러졌다. 못 일어나겠다고 하였더니 움직이지 말라고 했다. 무엇 때문이냐고 물었더니 대파조각이라 했다.

119로 응급실에 왔는데 마트 부지점장이 입원 수속을 해주었다. 보호자를 찾는데 남편은 시골 갔다 저녁에나 온다고 했다. 아이들이 멀리 있기에 토요일에나 알리려했는데 먼저 입원했던 기록을 보고 간호사가 딸에게 전화해서 그날로 달려왔다. 척추 골절로 3층 집중실에 있게 되었다. 움직일 수 없으니 베지밀만 먹고 약을 먹으려 하였는데 다음날 간병인이 와서 밥을 먹어야 회복이 빠르다고 하며 밥을 권했다.

입원한 지 한 주가 지난 후 저녁에 간병인이 잠깐 자리를 비운 사이 비상벨이 울렸다. 모두 밖으로 나간다고 하며 걷지 못하는 환자는 간병인이 휠체어에 태우고 나갔다. 나는 허리 보조기를 차면 움직일 수 있을 것 같아 옆에 있는 환자에게 간병인이 심전도 박스 위에 두고 간 허리보조기를 내려달라고 부탁했다. 그분은 팔에 주사를 맞으며 내려주었다. 혼자서는 보조기를 할 수도 없었다. 그런데 나갔던 사람들이 다시 들어오면서 비상벨이 오작동으로 울렸다고 했다. 옆 환자의 주사기 줄에 피가 보였다. 팔을 높이 들어서 보조기를 내리느라 그랬다. 미안했다. 만약 화재가 났다면 어떻게 되었을까.

나는 이번이 두 번째 다쳤기 때문에 형제들에게도 숨기려했다. 큰댁에서 납골당을 4월에 하게 되어, 동서와 의논하기를 아버님이 계셨으면 점심준비를 하자고 하셨을 것이 분명하니 우리가 그대로 하자고 했다. 동서가 그 일로 매일 전화해도 연결이 안 되니 남편에게 물어서 알게 되었다고 하며, 퇴원 후에도 필요한 밑반찬과 곰국, 삼계탕, 물품을 두 박스나 가져왔다.

2주 만에 시술했다. 등에 약물을 바르고 주사기로 약물을 넣었는데 다음날은 설 수 있었다. 3주가 되어 퇴원하였는데 목련도 벚꽃도 다진 후였다. 집에 오니 공작선인장이 화려하게 피어있었다. 가까이서 꽃을 볼 수 있음에 감사했다. 햇볕, 바람에 흔들리는 나뭇잎, 계절마다 피어나는 꽃들이 새롭다.

남편은 3개월 동안 설사를 하며 체중이 10kg 정도 감량됐다. 가까운 병원에 다녔지만 설사는 그치지 않고 늘 체했다고 하며 더운물에 손발을 담그면 통증이 없어진다고 했다.

하루 저녁에 통증이 심하여 응급실로 가자고 하였더니 다음날은 미루던 건강검진을 받았다. 일주일 후 검사결과 대학병원에 가서 담석 수술을 받으라고 했다.

7월 2일 입원하였는데 체중이 많이 빠졌다며 다시 검사하여 내과 쪽에서 먼저 담도 길에 돌을 제거하라고 했다.

4일 내과에서 치료받는데 평일인데도 딸은 중2, 초등6학년인 아이들을 두고 병실을 지켜주었다.

6일 담석 수술을 잘 받았다. 돌이 메추리알 정도였다. 수술 후 외과 병동으로 왔는데 딸은 다시 와서 병실을 지켜 주었다.

8일 오후 퇴원했다. 남편이 농사일을 못하는 동안 시동생은 복숭아도 따오고 감자도 캐왔다. 막내 시동생과 시누이들은 들깨 모종을 했다고 했다. 형제들이 고마웠다. 뒤에서 기도해 주신 분들께 감사드린다.

이제 건강이 회복되어 체중도 늘고 매일매일 시골에 잘 다닌다.

스스로 설 수 있다는 것이 너무도 감사하다. 지켜주신 주님께 또 감사드린다.

4.

진달래는 피는데

정 나누기

1. 솜이불 한 채

정월 대보름을 앞두고 저녁에 택배로 약이 배달되었다. 벌써 네 번째이다. 이 약은 예전 단독 주택에 살 때, 우리 집에 세 들어 살던 민희네서 보내준 것이다. 이 방은 아들이 외지로 대학을 가면서 세놓게 되었다.

세든 학생은 준수했다. 학생 집은 경북이었는데 군인 갔다 온 복학생이었다. 하루는 고향에서 예쁜 아가씨가 찾아왔다. 이 아가씨는 학생과 정혼한 사이였다. 이들은 준비도 없이 살림을 차리게 되었다. 학생 생활비로 살 수 없어서 아가씨는 가녀린 몸으로 화장품 외판원도 하고, 식당에서 힘에 겨운 뚝배기도 나르며 생활했다. 춘천이 추운 곳이고 목조집은 더 추웠다. 나는 솜이불이 여유가 있어 솜을 타서 이불을 만들어 주었다.

학생은 하수도가 얼어 녹일 때에도 나를 도와주고, 아가씨는 시간이 나면 매작과도 예쁘게 만들어 들여오고, 고향집에 다녀올 때는 향이 짙은 산나물도 가져 왔다. 나는 아가씨 고생하는 것이 안타까워 집으로 가 있다가 학생 졸업하고 자리 잡으면 결혼해서 잘 살라고 하였다. 그 후 아가씨는 집으로 가고 학생은 다른 집으로 이사하였다.

우리가 집을 팔고 효자동으로 이사하였는데 학생이 찾아왔다. 결혼하여 예쁜 딸도 데리고 왔다. 우리는 반갑게 만났다. 전공과 관계없이 제약 회사에 다니며 서울에 산다고 했다. 몇 년이 흐르고 다시 전화가 왔다. 전화 국번이 바뀌어 바뀐 국번마다 전화해서 찾았다고 했다. 그 후 가끔 전화하여 아픈 곳은 없느냐고 물어오고 약을 보내주었다. 몇 년 전 휴가철에 튼튼한 아들을 데리고 왔다. 나는 엄마이름을 잊어서 물었더니 아들은 묻는 말에 또박또박 대답해주었다. 나는 맛있는 막국수라도 대접하고 싶어서 소양댐 방향으로 가자고 했다. 그런데 민희 아빠는 '드시고 싶은 것 다 사드리겠다'며 식사대를 지불했다. 이들은 지금 분당 아파트에 살면서 그때 이불을 버리지 않고 장롱 속에 둔다고 했다.

지난 12월 며느리가 분당 차병원에서 수술 받게 되어 갔는데 저녁에 아들에게 민희네 주소를 보였더니 병원에서 가까운 거리라고 하였다. 택시로 갔는데 기사분이 지리를 몰라 헤매다가 요금이 많이 나오니 가까운 거리를 몰랐다며 이천 원을 받았다. 찾아간 집은 넓은 아파트였다. 그간 세월도 많이 흘렀지만 부부가 아들 딸 잘 기르고 자리 잡고 사는 모습이 좋았다. 민희 아빠는 병원까지 태워다 주었다. 차 속에서 이모(某) 가수의 '아, 옛날이여'를 함께 불렀다.

약은 영양제와 관절 치료제 등 세 가지나 된다. 남편은 글루코사민을 열심히 복용한다. 잠깐 살다간 집이었는데 잊지 않고 찾아주니 고맙기 그지없다.

나는 약을 볼 때마다 고마웠던 분들에게 찾아간 일이 있느냐고 자신을 돌아보게 된다. 지금은 가벼운 이불만 사용하게 되고 솜이불은 쓰지 않는다. 솜이불 때문에 이어진 인연, 소중히 생각하며 살리라.

2. 아주머니

복숭아도 익어가고 포도알도 영글어간다. 하지도 지나고 장마가 온다는 예보에 감자를 캤다. 지난해 감자가 썩었기에 일찍 서둘렀다. 거름을 하고 둑을 만들어서인지 그런대로 잘 되었다. 남편은 감자를 심지 않은 이웃에 사는 아주머님께 감자를 갖다 드렸다.

다음날 아침 아주머님은 설탕에 잰 보리수 한 통을 가져오셨다. 보리수는 색도 곱고 물에 타 마시면 새콤하고 개운하다. 아주머니는 전라도에서 재취로 오셨다. 아저씨는 숯가마 일을 하시다 돌아가시고 아주머니는 어린 남매를 기르셨다. 지금은 결혼하여 서울에서 살면서 아들은 어머니를 위하여 올 때마다 반찬거리를 많이 사온다고 하였다.

아주머니는 연세가 들면서 일을 잘 못하게 되어 늘 우리 시어머니한테 놀러오셨다. 봄이면 쑥도 다듬어주시고 나물도 다듬어 주셨다. 시어머니는 무릎이 불편하여 걷지를 못하여 아주머니가 꽃모종도 심어주시고 딸이 가져왔다며 노란 백합도 심어주셨다.

오디가 익을 때면 혼자서는 못 간다며 함께 가기를 바랐고, 8월이 되면 고추를 따서 대문 앞에 멍석을 깔고 쏟아놓으면 시어머니와 골라 주셨다. 고구마 줄기를 벗길 때에도 더 많이 벗기셨다. 가을이면 고향에서 부쳐왔다며 빨간 대봉시도 가져 오셨다. 겨울 낮에 놀러 오시면 동네 소식도 소상히 들려주시고 동무해 주셨다 나는 놀러와 주시는 아주머니가 늘 고마웠다.

월요일 일찍 아주머니로부터 전화가 왔다. 시어머니가 위중하다고 했다. 전날 작은집에서 일하러 왔다가 어머니를 병원에 가시자고 하였지만 싫다고 하여 저녁에 올라갔다고 했다. 119로 병원에 갈 때에도 아주머니는 시어머니 옷을 챙겨가라고 일러주셨다. 아주머니는 어머니께 오래 동무하며 정을 나누며 살자고 했지만, 시어머니는 그날 94세로 조용히 소천하셨다.

늘 곁에서 지켜주신 아주머니가 감사하다. 나는 얼마나 이웃을 돌보며 살았는지 생각하게 된다. 아주머님도 외롭지 않게 사시기를 기원한다.

3. 동서들

명절 앞두고 둘째 동서에게서 전화가 왔다. 전은 기본이고 해올 수 있는 음식을 연락해온다. 직장 생활하는 막내동서는 과일 담당이고 최상품으로 준비해오니 모두가 즐겁게 나눈다.

둘째 동서는 미용기술이 있어 올 때마다 이발을 담당한다. 부모님이 연로하셔서 바깥출입을 못하시게 되었을 때 집에서도 할 수 있어 좋았다. 부모님을 위하여 자주 못 온다며 냉동실에 사골과 쇠고기를 썰어와 채워 놓았다.

내가 결혼하였을 때는 5·16혁명 후였는데 농촌에는 새마을운동이 한창이었다. 둘째 시동생은 중학생이고, 막내 시동생은 아기였다. 막내 시동생은 고등학교 3년 동안 함께 지냈다. 세월이 흘러 동서를 보게 되었다. 부모님께도 동서가 잘해드리고 가전제품도 새것으로 바꿔드렸다. 나는 부담이 줄어졌다.

내가 큰 수술 후 막내시동생은 쇠꼬리를 가져왔다. 나는 의무를 했을 뿐인데….

둘째 동서는 무리하게 일해서인지 몸이 아파서 여러 번 수술을 받게 되어 안타깝게 했다. 시동생이 퇴직 후 농사짓겠다고 땅을 구입하였는데 묵히면 벌금이 나온다고 따라다니며 일하는 것이 안쓰럽다.

둘째 동서는 올봄에 며느리를 맞았다. 그동안 열심히 저축하여 아들 살 집도 걱정하지 않았다. 동서는 신혼여행에서 돌아온 아들 내외를 조부모님 산소에 인사드리고, 찰떡 귤 과일을 준비하여 우리에게도 인사를 왔다. 형제들에게도 잘하려고 노력한다.

부모님께서 어려운 시절에도 고생하시며 잘 가르치셨기에 지금 모두가 제자리를 지키며 제 몫을 다할 수 있어 감사한다.

남은 세월 동기간에 화목하게 살기를 기원한다.

봄나들이

신문에서 원주 투어버스 기사를 읽고, 넷째 주에 토지문학공원 간다고 하여 신청하였다. 춘천에서 9시전에 버스를 탔지만 원주 따뚜공연장 출발 시간까지 못 갈 것 같아서 문화원에 전화하였더니 강원감영으로 오면 된다고 하였다. 강원감영으로 가서 기다렸더니 투어버스가 왔다.

강원감영은 조선시대 강원도의 26개 부, 목, 군 현을 관활하던 강원도 지방행정의 중심지로 조선 태조 4년(1395)에 설치되어 고종 32년(1895) 8도 제도가 폐지되고 23부제가 실시됨에 따라 감영이 폐지될 때까지 500년 동안 강원도의 정청

(政廳) 업무를 수행했던 곳이라고 하였다. 건물은 선화당, 포정루, 청운당 등 당시의 건물이 원래 위치에 잘 남아있고, 뒤뜰에는 둘레가 6m나 되는 보호수 느티나무가 있었다.

토지문학공원은 단구동에 있으며 소설 「토지」를 주제로 꾸민 공원이다. 소설가 박경리 선생님의 옛집이 1995년 택지 개발지에 포함되어 헐릴 위기에 처하자, 한국토지공사에서 공원부지로 결정하여 1997년부터 2년간 공사한 끝에 1999년 5월 개원하였다. 박 선생님 옛집은 앞마당에는 노란 산수유가 피어나고 있었다. 1980년부터 1994년 8월 15일까지 토지(전16권)을 집필한 곳이다. 거실에서 박경리 선생님을 영상으로 만날 수 있었다. 집필하시던 방도 둘러보았다. 해설사는 박 선생님은 진주고 졸업 후 결혼하여 딸을 두었는데 남편은 6·25때 사별하였다고 하였다. 사위가 김지하 시인이라고 하였다.

세 번째는 운곡 원천석 묘역이다. 행구동에 있으며 소나무도 잘 가꾸어져있고 공기가 맑았다. 원천석은 본관은 원주이고 자는 자정(子正), 호는 운곡(耘谷)이다. 정원별장을 지낸 열의 손자이며 종부시령을 지낸 윤적의 아들로 원주 원씨의 중시조이다. 진사가 되었으나 고려 말의 혼란한 정계를 개탄하여 치악산에 들어가 은둔생활을 하였다. 그는 그곳에서 부모를 봉양하고 농사를 지으며 이색 등과 교유하며 지냈다.

조선의 태종이 된 이방원(李芳遠)을 가르친 바 있어 1400년 태종이 즉위한 후로 여러 차례 벼슬을 내리고 그를 불렀으나 응하지 않았다. 태종이 직접 집으로 찾아 갔으나 만나지 못하였다. 이에 태종은 계석에 올라 집 지키는 할머니에게 선물을 주고 그의 아들 형을 현감에 임명하였는데, 이 계석을 태종대라고 부른다.

운곡시사에 실려 있는 회고시 등을 통해서 그가 끝내 출사하지 않은 것은 고려 왕조에 대한 충의심 때문이었음을 알 수 있다. 만년에 야사(野史) 6권을 저술하였으나 국사와 저촉되는 점이 많아 화를 두려워한 증손이 불살랐다고 한다. 전하는 작품으로는 망한 고려를 회상하며 쓴 회고가가 있다. 원주의 칠봉 서원에 배향(配享)되었다.

네 번째는 한지공예관이다. 한지로 고운 색깔로 한복도 만들고 생활에 필요한 여러 가지 물건도 만들었다. 나는 시골집 문 바르려고 한지를 몇 장 샀다. 옆 건물에는 옻칠기도 있어 우리 것의 우수성과 아름다움을 볼 수 있다.

돌아오는 길 가에는 봄나물 뜯는 사람들도 있고, 실버들 가지도 파랗게 피어난다. 다시 봄을 맞이하게 되어 기쁘다.

산나물

벚꽃이 지고 가로수 잎이 푸르러 진다. 나는 이맘때면 산나물을 하기 위해 시골집에서 40여분 가야 되는 앞 고개를 오른다. 아침 일찍 나섰기에 관천리에 사는 학생들을 등교시키려는 스쿨버스도 만난다. 산을 오르다보면 안개꽃 같은 하얀 싸리 꽃이 무더기로 피어있고, 찔레순도 올라와 꺾어 물면 목도 축여준다.

겨울에는 어둡던 산이지만 봄이면 나무마다 연둣빛 새순이 돋아난다. 나름대로 독특한 자태를 뽐낸다. 가랑잎을 헤치고 뾰족이 올라오는 어린 싹은 신비롭기만 하다. 내가 좋아하는 것은 다래순이다. 넝쿨을 잡고 연두색의 새순을 따는데 따기도 수월하고 말려두면 겨울에 향이 좋아 모두 즐긴다.

숲을 오르다 힘들면 그늘에 앉아 마을을 내려다본다. 학생 연수원, 초등학교, 빨강 파랑 초록 색깔의 지붕들…. 곧은길과 굽은 길도 보인다. 높은 곳에 오르면 마을이 잘 내려다보이듯 나의 사는 모습도 하나님께서 다 보실 것 같아 삶을 돌아보게 된다.

큰 소나무 밑이나 큰 나무 밑에는 먼저 지나간 사람들의 눈에 띄지 않았던 두릅도 따게 된다. 두릅은 맛과 향은 좋은데 가시가 있어 따기 조심스럽다. 잔대 싹은 나물로도 좋고 뿌리는 더덕 비슷하다. 습기가 많은 곳에 오르면 으아리를 꺾을 수 있고, 양지쪽에서는 고사리도 뜯게 되어 기쁘다.

내가 처음 이웃 아주머니를 따라 이 산에 왔을 때에는 탐스런 싹을 뜯어 나물이냐고 물어보면 먹는 나물이 아니라고 가르쳐 주었다. 자상하게 일러주던 아주머니는 병으로 소천하셨다. 봄이면 새싹은 돋아나지만 인생은 돌아올 수 없기에 아쉬움이 더하다.

산 속은 조용하고 산벚꽃은 지고 산 복숭아꽃이 화려하게 피었다. 이 산은 해마다 오는데 장마로 흙이 씻겨가서 바위가

드러나 보인다. 큰 바위 밑에는 벌통이 놓여있고, 벌은 꿀을 모아들이느라 분주하다. 새들도 맑은 소리로 노래한다. 군데군데 약초 캐어간 흔적이 있고, 여기저기 야생초가 무더기로 피어 있다.

산 정상에서 보라색 난을 보았다. 화단에서 볼 때보다 더 반가웠다. 산 속의 싱그러움과 싱싱한 산나물은 나에게 새로움을 선물한다. 신이 내려주시는 선물에 감사하며 오래 보존하며 살 수 있기를 바란다.

산을 내려올 때에는 오를 때보다 더 조심해야 된다. 낙엽에 미끄러지기도 하고 넘어지기 때문이다. 한번은 늘 신던 운동화를 신고 갔다가 미끄러지는 바람에 신발밑창이 떨어져 맨발로 온 적이 있다. 그 후로는 운동화는 튼튼한 것으로 택한다.

시어머님은 나물을 종류별로 고르신다. 탐스런 두릅을 보시고 반가워하신다. 나물은 삶아 싸리대로 엮은 발에 고사리, 으아리, 다래순 종류별로 널고 뒤집어 말릴 때에는 한 번씩 쓸 만큼 몫을 지어놓는다.

산나물은 깊은 산일수록 향이 진하다. 그 향이 좋아 해마다 산을 오른다. 나의 삶도 산나물의 맛과 향을 닮아가기를 소망한다. 진심으로 소망한다.

지 붕

3월 21일, 시골 집 지붕을 인다고 한다. 이 지붕은 함석이었는데 30여 년 지나는 동안 비바람에 잘 견디도록 페인트칠을 여러 번 하였다. 오랜 세월을 지내다 보니 지붕 전체가 낡아서 칼라 강판으로 바꾸게 되었다. 지붕은 밖으로는 비바람을 막아주고, 안으로는 가족들의 몸과 마음을 따듯하게 감싸준다. 소중한 존재다. 점심 식사를 위해 반찬을 준비하고 새참거리를 샀다. 시골 가는 첫 버스는 중앙로에서 7시에 타야하기에 서둘렀다.

시댁은 춘천시 남면 가정리이다. 지금은 40분이면 도착하지만 예전에는 기차로 춘천에서 가평까지 간 다음, 또 걸어서 나루터까지 갔다. 배 타는 시간에는 시골 사람들이 물건을 내다 팔기도 하고 사가기도 하였다. 배를 타면 남이섬을 지나 방하리, 관천리를 거쳐 3시간이나 지나서 도착한다. 겨울이면 강물이 얼어 배로도 다닐 수 없어 얼음 위로 걸어 다녔다.

이번 지붕을 새로 하는 집은 6·25때 불타서 시아버지께서 재목을 손수 준비하여 다시 지으신 집이다. 처음에는 초가였고 5·16후 농촌 지붕개량 때 함석으로 바뀌었다. 처음 함석 지붕을 할 때에는 마을 전체가 하게 되어 정미소에서 제재 시설을 하고 각목을 준비하였다고 한다. 그때 초가지붕을 걷어낸 썩은 새와 이엉마름이 굉장하였다고 하며, 예전에 함석 지붕을 할 때에는 함석 길이가 짧아서 작업시간이 많이 걸렸다고 하였다.

새 지붕을 하러온 사람은 넷인데, 두 사람은 지붕 위에서 능숙한 솜씨로 각목을 깔고 밑에서 올려주는 녹색 강판을 차례로 못질하였다. 일하다가 내려오기 힘들어 물은 병에 담아 올렸다. 지붕은 더 높아지고 산뜻하게 되었다. 남편은 먼저 물받이로 쓰던 함석을 차곡차곡 묶어 치우고 지저분한 뒷정리를 사흘이나 했다.

문득 큰언니 생각이 났다. 6·25때 맏언니는 혼자가 되었다. 큰조카가 5살부터 삼남매였다. 친정 과수원에는 아버지께서 지으신 빈집이 있어 맏언니는 그 집으로 이사하였다. 언니는 삼남매를 기르기 위하여 여름에는 과수원 밭에서 농사를 짓고, 겨울이면 나무를 하여 옥수수 가루로 엿을 만들어 시장에 내다 팔았다. 가을이 되면 친정아버지께서 볏짚을 추려서 이엉을 엮었다. 이엉 마름으로 추녀에서부터 위로 꼼꼼히 두르고 새끼줄로 띄웠다. 친정아버지께서는 아마도 남편 잃은 언니의 시린 마음을 위하여 두껍게 더 두껍게 지붕을 덮어준 것 같다.

내가 본 지붕 중에 생각나는 것은 어릴 적에 친구 집에는 알이 굵은 오디가 있어 오디가 익을 때면 놀러 가곤 하였는데, 지붕은 굴피집(참나무껍질)이었다. 혹시 비가 오면 새지 않을까 염려하였지만 안에는 아늑했고 가족들 모두 행복하게 보였다. 예전에는 소나무 토막을 쪼개어 널빤지로 인 너와집도 있고, 논이 적은 시절에는 볏짚도 구하기 어려워 억새로 인 새집도 있었다고 한다.

지붕을 새로 하며 가을이면 시아버님께서 외양간 지붕 위에서 "에미야, 이것 받아라." 하시며 누런 호박을 자루에 담아내려 주시던 일, 광 지붕 위에서 밤송이를 쓸어내리시던 일, 빗물이 스며들까 염려되어 자주 손보시던 일이 떠오른다. 시아버님께서는 소도 기르고, 양계를 하여 겨울이면 짚으로 싼 달걀 꾸러미를 상자에 담아 지고 '수련이고개'를 넘고, 얼어붙은 강을 건너 팔아와 학비를 대셨다고 한다. 그 지붕 밑에서 태어난 6남매와 손자 손녀 14명은 지금 서울에서, 경기도에서, 춘천에서 일가를 이루고 모두 건강하게 살고 있다. 지금은 삼형제가 시아버님이 지으신 시골집을 잘 관리하려고 애쓴다.

지붕의 가치는 감싸주고 보호해 주는데 있다. 지금은 개화되어 살기 좋아졌다고는 하지만 예전에 비해 지붕이 없는 가정도 많다. 그래서 끈끈한 정들이 없는가 보다. 아쉬운 일이다.

깔끔해진 시댁지붕을 바라보며 아들, 딸, 손자를 위해 나 또한 남은 세월 든든한 마음의 지붕이 되어야겠다는 생각을 한다.

진달래는 피는데

산에서는 벌목하느라 기계톱 소리가 요란하다. 논에는 논갈이 하는 모습이 보이고 모두가 활기찬 모습이다.

시골집에 갔다. 밭 갈기 위하여 거름을 펴기 전 밭에 나물을 캐기 위해서다. 가을에 뿌려둔 갓 씨가 파랗게 올라왔다. 봄에 나온 갓은 나물도 하고 국도 끓인다. 씨받기 위해 울밑에 드문드문 심어놓으면 노랗게 피어나 유채꽃 같다. 냉이도 캐고 고들빼기도 캔다.

화초밭에서 달래를 캐는데 진달래가 얼굴을 내민다. 이 진달래는 시누이가 시어머니 보시라고 심은 것이다. 시어머니는 관절염으로 외출은 못하시고 벼 마대를 깔고 앉아서 움직였다. 부모님이 좋아하시던 진달래도 피어나고, 매실도 가지마다 꽃봉오리가 붉어진다.

복숭아는 별로 꽃이 보이지 않는다. 복숭아 솎아낼 때면 숫자가 많아야 나누어줄 수 있다고 못 솎아내게 하시던 시어머니 생각이 난다.

마늘은 추위를 견디고 자라 있고, 취나물, 참나물, 부추도 올라온다. 모두 반가운 모습이다.

어머니는 앉아서도 화초밭도 매시고, 울안의 풀도 뽑아주어 채소가 잘 자랐다. 여름이면 콩물을 시원하게 만들어주셨다. 취나물은 냉동에 넣었다가 설날이나 행사 때 쓰기도 했다.

어머니 젊었을 때에는 마차에 다쳐서 오랫동안 병석에서 출입을 못하시는 아버지를 업고, 보리밭 구경을 시켜드렸다고 했다.

늘 어머니는 큰일 치르는 자손들을 위해 춥지 않을 때 가야 된다고 말씀하셨다. 어머니는 흐드러지게 핀 진달래를 보시고 5월에 가셨다. 장례식 때는 날씨가 화창해서 빈 밭에 비닐 멍석을 펴고 점심을 차렸는데 모두가 복 많다고 했다. 부모님이 가신 지 여러 해가 지났다.

계절은 다시 찾아오는데 부모님은 꿈속에나 뵐 수 있다. 피어나는 진달래를 보며 부모님이 꽃구경을 오실 것 같다. 다시 올 수 없는 삶이기에 잘 살아야 되겠다고 다짐해본다.

청평사

오월의 마지막 토요일 청평사를 찾기로 했다. 소양댐행 버스를 타고 시내를 벗어나니 푸른 들판이 다가오고 바람도 시원하다. 소양댐 정상이 가까워지니 아카시아향이 스며든다.

소양댐 정상에서 선착장으로 내려가 왕복승선권을 오천 원에 구입하여 배를 탔다. 뱃전에 부서지는 물보라를 보며 모두가 기뻐한다. 선착장에서 청평사로 가는 길가에는 진보라색 엉겅퀴도 피었고 찔레꽃도 활짝 피었다. 매표소에서 표를 사려고 하니 경로우대라고 그냥 들어가란다.

청평사는 고려 광종 24년(973)에 영현선사가 창건하여 백암

선원이라 이름 하였다가 문종 22년(1068) 이의가 춘주도(강원도) 감찰사가 되어 이 절을 중건하고 보현원이라 하였다. 후에 이자현이 중수하여 문수원이라 했다. 청평사에는 우리나라 서예사를 빛낸 2개의 명품이 있다. 하나는 스님 탄연의 진락공 이자현비 글씨가 그것이고, 또 하나는 미암의 청평사 문수원 장경비이다. 우리나라 서예사의 명품으로 전해진다.

산속 공기는 새롭게 느껴진다. 계곡을 따라 조금 올라가니 전설의 간판이 세워져 있고 계곡에는 뱀이 공주의 몸을 감은 동상이 있다. 전해오는 전설인즉 이러하다. 옛날 당나라에 공주를 사모하던 한 평민 청년이 있었다. 신분상의 차이로 끝내 사랑을 이루지 못한 청년이 상사병으로 죽자 홀연히 한 마리의 뱀이 나타나 공주의 몸을 감아버린다. 공주를 사랑했던 혼이 상사뱀으로 변한 것이었다. 놀란 당태종은 의원들을 불러 갖가지 처방을 해보았지만 상사뱀은 꼼짝도 하지 않았고 공주는 점점 야위어만 갔다. 신라의 영험 있는 사찰을 순례하며 기도를 드려 보라는 권유에 공주는 우리나라 사찰을 순례하다 이곳 청평사까지 오게 되었다. 해가 저물어 계곡의 작은 동굴에서 노숙을 한 다음 범종소리가 들려오자 "절이 멀지 않은 듯합니다. 밥을 얻어 오려고 하니 제 몸에서 내려와 주실 수 있는지요? 너무 피로하고 걷기가 힘겨워 드리는 말씀이니 잠시만 기다리면 곧 오겠습니다." 한 번도 들어 주지 않던 상사뱀은 웬일인지 순순히 몸에서 내려와 주었다. 공주는 계곡에서 목욕 재개하고 법당으로 들어가 기도를 했다. 한편 상사뱀은 공주가 늦어지자 혹시 도망간 것이 아닐까 하는 생각에 공주를 찾아 나섰다. 절에 도착하여 회전문에 들어서는 순간 맑은 하늘에서 뇌성병력과 함께 폭우가 쏟아지며 벼락이 상사뱀에게 내리쳤다. 뱀은 죽어 빗물에 떠내려갔다. 공주가 밥을 얻어 가지고 와보니 상사뱀이 죽어 폭포에 둥둥 떠 있는 것이 아닌가. 원인을 알 수 없는 공주는 깜짝 놀랐다. 시원하기도 했지만 자신을 사모하다 죽은 상사뱀이 불쌍하여 정성껏 묻어주고 청평사에 머무르다 구성폭포 위에 석탑을 세우고 귀국하였다고 전해진다. 그때부터 상사뱀이 돌아나간 문은 회전문, 공주가 노숙했던 작은 동굴은 공주굴, 그가 목욕하던 웅덩이는 공주탕, 삼층석탑이 공주탑이라는 애칭으로 불려지고 있다. 애절한 상사뱀의 전설이다.

비가 자주 와서인지 구성폭포는 시원한 물줄기가 쏟아지고 흰 물거품이 일어난다. 젊은 연인들은 사진 찍기에 바쁘고, 지나는 사람마다 걸음을 멈추고 구경한다. 길 양옆으로는 오색연등이 걸려있고 손잡고 오르는 연인, 유모차를 밀고 가는 젊은 부부도 있다. 청평사를 돌아보고 내려오는 길에 젊은 연인들을 만났다. 전설을 읽어 보았느냐고 하였더니 그냥 지나쳤다고 했다. 내려갈 때는 꼭 읽어 보라고 권했다.

모두가 산속 맑은 공기에 힘을 얻고 돌아가는 모습이다

*회전문: 보물 제164호

*삼층석탑(공주탑): 강원도 문화재자료8호

시골풍경

1. 벌초

밤나무에서 매미소리가 요란하고, 뒷산에서는 윙윙 제초기 소리가 요란하다. 밭에서는 붉은 고추가 짙은 색으로 익어가고, 하우스 속에선 너무 뜨거워 흰색으로 바래진 것도 있다.

해마다 큰댁에서는 8월 마지막 일요일에 벌초를 한다. 높은 산 증조부모님 산소부터 하고, 점심 후 부모님 산소를 한다. 그런데 올해는 시동생이 일이 있어 한 주 전에 부모님 산소를 먼저 하겠다고 한다.

나는 열무김치도 담그고 시동생이 좋아하는 오이김치도 담

갔다. 그런데 반찬 챙기는데 오이김치를 빠뜨리고 갔다. 냉장고에 써 붙여두고도 잊을 때가 있다. 벌초할 때면 비가 와서 고생하였는데 금년엔 날이 좋아 삼 형제분이 일찍 하고 왔다.

오래 전 조부모님 산소에 상석 올릴 때였다. 온 동네 사람들이 경운기에 상석을 싣고 산을 오르는데, 산이 높고 길이 험하여 경운기가 뒤로 밀려 내려왔다. 그때의 무서움은 지금도 남아 있다. 우리 집은 떡국담당이었는데, 산속 아늑한 샘이 있는 곳에서 동네 아주머님들과 함께 떡국을 대접했다.

조부모님 산소에 벌초하고 지난해보다 늦게 내려왔다. 왜 늦었느냐고 물었더니 산소 주위에 무성한 나무를 자르느라고 늦었다고 했다. 둘째 시동생은 추석에 쓸 솔가지를 가져왔다. 남편은 도토리와 잣 가지를 들고 왔다. 가끔 다래를 가져올 때도 있다. 내년에도 건강하여 산에 오를 수 있기를 기원한다.

이제 이주 후면 추석이다. 시골에서는 구역을 정하여 도로 청소를 한다. 젊은이들은 제초기로 풀을 베고, 노인들은 낫으로 풀을 베기도 하고 쓰레기도 줍는다. 작업이 끝나면 점심을 함께 나눈다. 고향 찾는 사람들의 마음에 기쁨이 가득 하기를 바란다.

윙윙 제초기 소리가 요란하다.

2. 송편 빚기

새벽에 방앗간에 갔다. 예전에는 길게 줄을 서고 차례가 되어야 빻을 수 있었는데 바로 해주었다. 주인은 박스에 송편 포장 하느라 바쁘고 한편에서는 냉동한 송편을 꺼내 찌느라 분주하다. 부모님 계실 때에는 기다리지 않게 하려고 시골집에 일찍 갔는데, 오늘은 송편 가루가 쉴까 염려되어 첫차로 갔다.

송편 가루는 마루에 넓게 헤쳐 놓고 집 주위를 둘러보았다. 취나물은 하얀 꽃을 피우고, 꽈리도 익고 배롱나무는 붉은 모습으로 취하게 했다. 가지도 따서 찬거리를 준비하는데 막내 시동생이 일찍 왔다. 늘 송편 반죽은 막내 시동생 담당이다. 말랑하게 빚기 좋게 반죽해 놓으면 동서와 초등학교 다니는 조카들과 함께 빚는다. 조카들은 동물모양도 만들고, 다른 모양도 빚는다. 동서는 반달모양 나는 둥근 모양으로 빚으며, 학업중인 동서는 실습 나갔던 이야기, 조카는 대학교에 현장교육 나갔던 일도 전한다. 추석이 빨라서 밤떡은 못하는가 하였는데 조카들이 따온 밤은 겉은 희지만 껍질도 잘 벗겨져서 속 넣기에 좋았다.

양은솥에 겅그레를 놓으려는데 손잡이 한쪽이 떨어져 시동생에게 부탁하였더니 철사로 만들어주었다. 보자기를 편 다음 솔잎을 뿌리고 밤떡은 밑에, 깨떡은 위로하여 아궁이에 불을 피운다. 여름내 때지 않던 부엌이라 연기가 많이 났다. 조카들은 떡이 빨리 익기를 기다리며 부채질한다. 떡이 잘 쪄져서 모두가 즐겁게 나눈다.

남편은 포도를 따서 정리한다. 추석이 늦을 때에는 밤도 털고 고구마도 캐고 깻잎도 따고 일이 많은데 한가롭다. 내년에도 모두가 건강하여 즐거운 추석맞이를 기대해본다. 저녁에는 날씨가 더운 탓인지 반딧불이를 보았다.

3. 갈걷이

벼논마다 기계가 들어갈 수 있도록 모퉁이를 베어놓았다. 마을마다 콤바인 작업하기에 편리하게 준비해놓고 순서를 기다린다. 막내 시동생은 회사 창립 기념일이라 일손을 도우러 왔다.

대추나무 밑에 검정 그물을 펴고 장대로 대추를 털면 탐스런 대추가 쏟아진다. 은행은 나무에 올라가서 턴다. 이 은행은 시고모님 아들이 우량종으로 접붙여 주어서 알이 굵어 지나는 사람마다 걸음을 멈추게 한다. 처음 익어 수확했을 때에는 아버님께서 얼마나 좋아하셨는지 손자도 손 못 대게 하셨다. 은행은 비료 부대에 담아 삭혀서 잘 뭉그러질 때 까는데 냄새가 역하여 작업하기 힘들다.

고구마는 줄기를 낫으로 걷어내고 검정 비닐 씌운 것을 벗긴다. 밑거름을 하고 심어서인지 잘 달렸다. 도로 옆이라 지나가던 행인이 색깔이 곱다고 한 박스 사갔다. 댓돌에 고구마를 쏟아놓는다. 아버님계실 때에는 고구마껍질 벗겨진다고 살살 다루라 하셨다.

들깨는 잎이 누렇게 되고 깻송이가 검게 되면 장아찌용 깻잎을 따고 베어놓는다. 올해는 비가 내리지 않아 털기에 좋았다. 풍구로 여러 번 부쳐서 얼개미로 내리면 벌레는 얼개미에 남는다.

도로에는 차들이 다녀서 위험하다고 벼 말리지 말라고 방송한다. 우리는 집 마당과 하우스에서 말린다. 안개로 햇볕이 늦어 더 시간이 걸렸다. 운반하기 쉽게 벼 부대가 헐렁하게 담는다. 나는 리어카를 대고 남편은 실어서 광에 쌓는다. 여름내 땀 흘린 결실이 가득하다. 내년의 풍요로운 결실을 기대해본다.

화산 폭발 전시회

날씨도 풀리고 전시회 구경 가기로 했다. 오전 10시가 되니 국립중앙박물관 앞에는 초등학생이 많았다. 모두 계단으로 오르는데 유모차를 밀고 온 아기엄마가 있었다. 아기엄마를 따라가니 계단이 아닌 편한 길이었다. 양쪽에는 대나무가 심어져 있고 대나무 줄기는 겨울옷을 입고 있었다. 겨울에 대나무 푸른 잎이 반가웠다.

폼페이는 서기 79년 8월 24일 베스비오 화산 폭발에 의해 18시간 만에 증발된 이탈리아 남부 도시로, 농업과 상업의 중심도시이자 로마 귀족들의 휴양도시이다. 1549년 수로 공사 중에 유적이 발굴되었다. 1748년 광장, 목욕탕, 원형극장, 약국 등이 발굴되었고, 1997년 유네스코 세계유산으로 지정되었으며 현재까지 발굴이 계속되고 있다.

집 내부의 벽을 장식하던 벽화가 눈에 뜨인다. 잘 가꾸어진 꽃과 나무들 사이로 날아다니는 새들이 있는 정원을 그린 그림, 신화 속의 의미 있는 그림 등 뛰어난 솜씨가 놀라웠다. 화산 폭발 마지막 순간을 그대로 보여주는 사람, 동물들의 그대로 굳어버린 일상생활의 모습도 엿볼 수 있다.

장신구로 팔찌도 있었고, 공정한 매매를 위한 저울과 저울추도 있었다. 항아리가 있었는데 아직도 매끄럽고 아름다웠다. 유골 항아리라고 한다.

자연재해라고는 하지만 절대자 앞에 죗값을 치르는 엄숙한 현장이 아닌가 하여 돌아오는 발걸음이 가볍지 않았다. 폼페이의 최후를 오래 오래 기억하기 위해 겨울옷을 입은 대나무를 카메라에 담았다.

서리 맞은 호박순

10월 중순, 호박도 거두지 못했는데 서리가 내렸다. 호박은 박과의 일년생 만초이며 열대 아메리카 원산지로 모두가 즐기는 채소이다. 요리도 여러 가지다.

우리 집에서는 밭 가장자리에 호박을 심고, 여름 콩 수확 후 밭으로 호박순을 뻗게 한다. 올해는 비가 많이 내린 탓인지 잎만 무성한 콩을 베어버리고 대신 호박순을 뻗게 하였더니 잎이 싱싱하고 좋았다. 그런데 일찍 서리가 내려 호박도 호박잎도 따지 못했다.

애호박은 나물이나 전으로 좋고, 잘 익은 호박은 말려서 대추와 밤을 넣고 편을 찌면 시아버님께서 잘 드셨다.

어릴 때 자라던 집은 도로 쪽으로는 목책을 하고 옆면과 뒤편으로는 나무울타리였다. 가을이면 아버지께서는 참나무가지로 울타리를 튼튼하게 하고 봄이면 호박순을 올렸다. 호박꽃이 피면 벌들이 날아들고 긴 호박이 주렁주렁 매달렸다. 여름내 반찬을 하고도 겨울까지 저장했다가 별미를 즐겼다.

여름에는 어머니께서 칼국수를 밀어 무쇠솥에서 끓여 푸기 전에 애호박 채친 것을 넣으면 파랗게 익은 것이 별미였다. 국수 썰 때면 반죽을 조금만 남겨달라고 하여 아궁이 불에 구우면 봉긋하게 일어나며 구워졌다. 과자가 귀한 시절이라 더 좋았다. 일꾼들이 논매기가 끝나면 날 잡아 쉬는 날이 있었다. 어머니는 무쇠솥뚜껑을 화로 위에 뒤집어놓고 무 꼬리로 들기름을 두르고 애호박전을 부쳐서 일꾼들 술안주로 보냈다.

또한 비 오는 날이면 부추를 넣고 호박부침개를 하여 가족들에게 기쁨을 주기도 한다. 내년에는 일찍 모종을 부어 서리 오기 전에 호박수확을 할 수 있기를 기대해본다.

예기치 못한 날씨에 일찍 스러지는 호박순을 보며 잠깐 생각해 본다. 육신이 마르기 전에 나 또한 열심히 살아야겠다고.

시골집을 돌아보며

5월 29일

시골집에 가려고 버스를 탔다. 가늘 길에 눈여겨보니 논에는 모가 심어졌고 밤꽃이 피었다. 강촌역에서 손님이 많이 탔다.

9시경 도착했는데 마을회관에서 방송이 들렸다. '발산리 ○○댁에서 어른이 돌아가셨다는데 장례식장과 장지를 알려주었다. 지금은 장례도 장례식장에서 치르게 되니 매우 편리하다.

집에서 떨어져 있는 밭으로 갔다. 산소에 풀도 뽑고, 뽕잎도 따고 오디도 땄다. 어릴 때 노란 주전자를 들고 오디 따러 갔다가 밭주인에게 감자밭 밟는다고 쫓겨 오던 생각이 났다.

처마 밑에는 제비가 새끼를 네 마리나 깠다. 노란 주둥이를 짹짹대며 먹이를 받아먹으려고 한다. 어미는 먹이를 나르느라 분주하다. 댓돌에 떨어진 제비 똥은 쓸어버리고 신문을 깔고 막대기로 눌러놓았다. 집을 짓고 욕심 없이 사는 모습이 아름답다.

보리수는 가물어 시들어 있다. 물을 퍼다 주려는데 시동생이 호스로 주라고 하여 쉽게 물을 주고, 매실나무도 주었다. 취나물 밭도 손질했다.

돌아오는 버스에서 쑥 뜯어가는 아주머니들이 버스를 3시간이나 기다렸다고 불평했다. 나는 예전에는 버스가 없어서 가평으로 배를 타고 다녔다고 했다.

6월 12일

시골집에 도착하니 제비가 새끼들이 커서 먹이를 찾으러 나갔는지 조용하다. 일찍 심은 맷돌호박은 맺혀있다. 보리수는 두 시간 땄는데 반도 못 땄다. 점심 후 시동생이 그물을 펴고 털어서 쉽게 땄다. 지난겨울 춥지 않아서 매실이 달렸다. 한 관 정도 되었다. 부추를 베고, 나물을 뜯고 큰 채소봉투에 가득 찼다.

중앙시장에 내리면 택시로 기본요금 거리이기에 짐을 가져올 때면 택시를 이용한다. 기사분이 무얼 그리 많이 샀느냐고 하여 보리수 따온다고 하며 고추장을 담그면 좋다고 했다. 기사분은 단호박 고추장이 좋다고 했다.

아파트 입구에 내리자 기사분이 짐을 승강기 앞까지 들어다 주었다. 이런 친절은 처음이다. 감사하다.

보리수를 손질하여 유리병에 담는다. 다음에 가서 할 일을 달력에 표시한다.

7월 17일

제비소리에 처마 밑을 쳐다보니 네 마리가 새로 태어나서 먹이를 받아먹느라 짹짹댄다. 두 마리가 분주히 먹이를 나른다. 제비에게서 부지런함을 배우게 된다. 닭장에서는 장닭이 소리 높여 운다. 마당 차광막 밑에 들깨모종판이 남아있다. 호박넝쿨을 손질하고 호박 아래를 짚으로 받쳐준다. 복숭아를 땄는데 벌레가 먹어서 잼용으로 손질하였다.

낮에 동서가 왔다. 그동안 손을 다쳐서 전화도 못하였다고 했다. 동서는 옥수수, 토마토, 가지 등을 따서 챙겨주었다. 시동생은 감자 두 박스를 실어주었다. 시내에 들어와서 저녁을 사주고, 짐을 올려다주고 갔다. 동서는 손자들도 보살펴야 되고 할 일이 많다. 힘들 때면 달려와서 늘 도와준다.

오늘 하루 잘 지내게 도우신 하나님께 감사드린다.

전교인 체육대회

5월 넷째 주일 호반 체육관에서 체육대회가 열렸다. 주변 환경도 좋고 날씨가 맑아 한층 기쁘게 했다.

10시 합동예배시간에 성가대의 찬양이 체육관에 울렸다. 예배를 위하여 청년부에서 피아노도 나르고 수고가 많았다. 체육대회 행사안내가 있었다. 11시부터 마치는 시간까지 소상히 광고했다.

11시부터 애드벌룬 빨리 넘기기를 하였는데 가운데 사람은 손대지 아니하고 양쪽에서만 넘기기를 하고, 교구끼리 줄다리기 예선도 하였다.

점심은 교구별로 준비된 그늘 막 속에서 팥밥에 된장국과 북어조림과 나물 등을 즐겁게 나누었다.

오후에는 응원전이 대단했다. 우리는 1교구였는데 앞에서는 꽹과리 치며 상무 돌리고, 빌려온 반짝이 의상을 입고 구호를 외치면 분홍 색지를 넣은 페트병을 두들기고 응원하였다. 볼만했다. 5교구에서는 강강술래를 준비했는데 모두가 합심하여 경기장을 아름답게 장식했다. 양산을 펴서 응원하기도하고 교구마다 특색 있게 응원 준비를 하여 열기를 더하였다.

단체줄넘기를 하고 박 터트리기, 줄다리기 결승전도 하고, 계주도 했다. 나는 운동에는 참여하지 못했지만 열심히 응원하다보니 즐거움을 느꼈다.

중·고등부는 우석중학교에서 따로 경기를 하였는데 점심시간에 짜장면 배달로 오토바이 7대가 학교에 들어와서 모두가 환호했다고 하였다.

시상식에는 1교구가 1등을 하여 우승기를 받았다. 마지막 경품추첨은 5교구 모두 같은 상품을 준비하여 고루 나누고, 여행권은 어떤 청년이 받았다. 상품 못 받은 교인들을 위하여 교회에서 준비한 교회사진이 박힌 사각화장지를 나누었다. 서로 평소에는 모르고 지냈지만 체육대회를 통하여 소질도 나타

내고 서로를 알 수 있는 좋은 기회였다.

무사히 행사를 마치게 됨을 감사하며 앞으로도 좋은 행사가 이어지기를 기대한다.

장로님 은퇴찬하 및 장로님 취임

4월 19일 거리마다 라일락향이 퍼지고 철쭉도 다양한 색깔로 활짝 피어난다. 오늘은 은퇴 장로님 두 분과 신천 장로님 다섯 분의 축하예배이다. 교회에는 축하화환들로 가득했다.

오후 2시, 먼저 은퇴 장로님 순서였다. 두 분 장로님은 어려운 성전 건축과 교육관 건축을 하시며 교회학교를 위하여도 애쓰신 분들이다.

장로님 중에는 근무지가 멀어도 주일이면 교회학교도 돌보고 열심히 교회를 섬기며 사는 분도 있다. 추운 겨울에나 무더운 여름에도 주차봉사를 하시는 분들을 보며 감사한다. 할머니가 된 장로님은 심방 때나 행사 때면 할아버지 권사님이 어린 손주를 맡아주신다. 이렇듯 봉사하는 삶, 나누는 삶 뒤에는 밀어주는 가족이 있다.

은퇴 장로님은 천국에 소망을 두고 힘차게 달려가며, 하나님 마음에 합당한 봉사와 헌신 드림과 나눔의 삶을 살면 어려운 문제가 해결되고, 질병이 치유되고 물질의 축복이 임한다고 한다. 또한 주님 말씀을 순종하기는 어렵지만 순종하고 나면 기쁨과 즐거움으로 매일 매일 감사하며 살게 된다고도 하신다.

몇 년 전, 우리 교구에서 중도로 야외 예배를 가게 되었다. 철쭉이 활짝 핀 들에서 보물찾기도 하고 즐거운 시간을 보냈다. 돌아올 시간이 되어 모두가 짐을 챙기고 배를 타고 나왔는데 함께 갔던 속도원이 보이지 않았다. 어린이집에 보낸 아기 돌아올 시간이 되어 걱정하는 아기엄마 때문에 나는 먼저 집으로 왔다. 늦게 나온 속도원에게 어떻게 왔느냐고 물었더니 목사님과 장로님께서 마지막까지 기다려주시고 집까지 데려다 주셨다고 한다. 그 장로님은 은퇴하실 때 목회자 유학비를 헌금하시기도 했다.

장로님들의 사는 모습을 보며 나를 돌아보게 된다. 이젠 힘에 부쳐 봉사활동에도 못 나간다. 장로님들 사명 잘 감당할 수 있도록 기원할 뿐이다. 교회를 통하여 더 아름다운 사회가 되기를 기대해본다.

죽심(竹心)과 농심(農心)으로 빚은 흙의 미학(美學)

- 수필집 『거두기 그리고 나누기』에 부쳐

오창익

(수필가 · 創作隨筆 발행인)

마음엔 올곧은 죽심(竹心)을 심고, 텃밭엔 감자, 고추, 옥수수 등 푸짐한 농심(農心)을 심어 놓고, 흙이 좋아 흙냄새를 맡으며 글을 쓰는 문인이 있다. 그가 바로 물 맑고 경개 빼어난 춘천(春川) 호반을 지키며 오늘을 살아내는 설죽(雪竹) 신정명 수필문학가다.

해서, 그의 수필에선 늘 댓잎 속삭이는 실바람소리가 나고,

정다운 고향냄새, 정직한 흙냄새가 묻어난다. 이 '냄새'와 '소리'가 설죽 수필의 운명 같은 체질이다. 해서, 비교적 길이가 짧은 단형의 수필들이지만 작품마다 길게 읽히고, 믿음으로 뜨겁게 읽힌다.

먼저 죽심에 이는 바람이다. 이른 봄, 잔설을 녹이는 바람 소리가 나면 동면에서 깨어나 눈 비비며 고개 쳐드는, 기적 같은 죽순과의 '만남'이 있고, 한여름, 댓잎에 듣는 푸드득 빗소리엔 황홀한 '기쁨'이 있다. 이 기다림과 기쁨과 만남이 설죽 수필의 큰 가름 중 하나인 '죽심의 마음자리'다.

다음은 농심에 이는 냄새이다. 고향의 냄새는 언제나 따뜻하고 포근한 어머니의 가슴일 터. 그 가슴엔 품어주고 감싸주는 사랑이 있고, 용서하고 다독이는 정(情)이 있다.

흙냄새 또한 예외 아니다. 거기엔 심은 대로 거둔다는 '정직함'이 배어있고, 또한 거둔 만치 나눈다는 '감사'의 마음도 녹아 있다. 그 정직함과 감사, 이 또한 설죽 수필의 큰 가름 중의 또 다른 하나인 '농심의 마음자리'이다

앞에서 언급한 대로 이 죽심(竹心)과 농심(農心)이 아우르며

빛는 만남과 기쁨과 기다림, 그리고 정직과 감사와 나눔이 곧 설죽 수필의 주제들이다. 아니, 그 주제의식을 형상화하는 일단의 중심사상들이다.

제한된 지면이기에 수록되는 50여 편 중 죽심과 농심을 확실하게 대변하는 작품, 각 3편씩을 가려내 그 핵심적인 한 두 문단을 별항으로 나누어 예시한다. 먼저 죽심(竹心)에서의 '만남'과 '기쁨'과 '기다림'의 주제 순이다.

눈이 내린 지도 2주가 지났는데 밖은 아직 눈밭이다. 눈이 오면 눈 무게에 휘어졌다 털고 일어서는 대나무가 좋다. 예전 고향에는 산 밑에 지은 집들은 거의 대나무로 둘러싸여 있었다.……

강한 것에 부딪히면 꺾이지 않고 다시 일어나는 대나무가 좋다. 날씨가 풀리면 대나무를 보러 가고 싶다.

- 작품 「대나무」에서의 '만남'이다 -

주황색과 연두색이 조화롭게 잘 익었다. 버스 올 시간이 되어 꽈리를 베어놓고 그냥 두고 왔는데 남편은 잎을 제하고 꽈리만 한 다발 만들어왔다. 어느 꽃다발보다 더 좋았다. 꽈리를 달력 위에 걸어놓고 보노라면 시골집 화단도 보이고 어릴 때 뛰놀던 고향집도 보인다.

- 작품 「거두기 그리고 나누기」에서의 '기쁨'이다 -

입맛이 없을 때 쑥버무리 한 접시면 대만족이다. 추석이 돌아오면 냉동 쑥을 녹여 송편 반죽을 한다. 아이들과 함께 부담 없이 빚을 수 있다. 송편 찔 때면 재래식 아궁이에 불을 때고, 큰 양은솥에 솔잎을 깔고 송편을 찌면 솔 향과 쑥 향이 어우러져 송편 맛을 더한다. 어린 조카들은 문지방을 넘나들며 송편 맛에 싱글벙글 좋아한다.

- 작품 「쑥 이야기」에서의 '기다림'이다 -

다음은 농심(農心)이다. 농심은 심은 대로 거둔다는 지심(地心)이기도 하고, 근면 성실 자립을 본(本)으로 하는 인심(人心)이기도 하고, 거둔 것의 열의 하나를 나누며 살아야 한다는 천심(天心)이기도 하다. 그 천심과 지심과 인심을 설죽 신정명 님 수필에서는 어느 작품 어느 행간에서든 쉽게 만날 수 있다. 그의 고향 사랑 또한 흙 사랑에 못지않은 진한 농심이다. 그 농심을 확실하게 대변할 '정직', '감사', '나눔'의 주제들을 역시 다음 작품들에서 만나본다. 먼저 「가을 냉이」다.

가을 냉이는 봄 냉이와 달리 새로운 맛을 느낄 수 있다. 덤으로 주어지는 축복이기 때문이다. 봄 한 철 신선한 맛으로 우리네 식탁을 풍성케 해주고도 또 가을에 까지 찾아왔으니 고맙고도 고마운 덤이 아닌가. 정년퇴직 후 의미롭게 살아가는 제2의 인생들을 보는 듯 흐뭇하다.

한 소쿠리 넘게 캐온 냉이를 맑은 물에 씻는다. 잎도 연하지만 단맛이 잔뜩 든 뿌리도 길다. 원컨대 나도 그 긴 뿌리를 키워낸 부드러운 흙이고 싶다. 아니 그 흙을 담은 밭이고 싶다.

- 작품 「가을 냉이」에서의 '정직'이다 -

시골버스를 타면 계절마다 변하는 모습이 정겹다. 봄이면 연둣빛 새순이 돋고 진달래와 산수유가 피어난다. 여름이면 아까시꽃과 밤꽃이 피고, 가을바람이 불면 밤송이가 벌어지고 산허리에는 메밀꽃도 핀다. 가을이면 벼, 조, 수수 등 이삭마다 여물어 고개를 숙인다. 자연을 보며 최선을 다한 자의 겸손을 배운다.

- 작품 「시골버스」에서의 '감사'다-

겨울에는 어둡던 산이지만 봄이면 나무마다 연둣빛 새순이 돋아난다. 나름대로 독특한 자태를 뽐낸다. 가랑잎을 헤치고 뾰족이 올라오는 어린 싹은 신비롭기만 하다. 내가 좋아하는 것은 다래순이다. 넝쿨을 잡고 연두색의 새순을 따는데 따기도 수월하고 말려두면 겨울에 향이 좋아 모두 즐긴다.

- 작품 「산나물」에서의 '나눔'이다 -

축하한다. 죽심(竹心)과 농심(農心), 그리고 고향 사랑하는 마음이 하나 되어 엮어낸 설죽의 첫 작품집 『거두기 그리고 나누기』의 출간을 진심으로 경하드린다.